中国国际减贫中心
International Poverty Reduction Center in China
IPRCC

中国减贫与发展经验国际分享系列
The Sharing Series on China's Poverty Reduction
and Development Experience

U0651148

巩固拓展脱贫攻坚成果

经验与实践

Experience and Practice in Consolidating and
Expanding the Achievements in Poverty Alleviation

中国国际减贫中心◎编著

Edited by International Poverty Reduction Center in China

中国农业出版社

北　京

图书在版编目（CIP）数据

巩固拓展脱贫攻坚成果经验与实践 / 中国国际减贫中心编著. -- 北京：中国农业出版社，2024. 10.
（中国减贫与发展经验国际分享系列）. -- ISBN 978-7-109-32476-3

Ⅰ. F320.3

中国国家版本馆 CIP 数据核字第 2024XA1324 号

巩固拓展脱贫攻坚成果经验与实践

GONGGU TUOZHAN TUOPIN GONGJIAN CHENGGUO JINGYAN YU SHIJIAN

中国农业出版社出版

地址：北京市朝阳区麦子店街 18 号楼
邮编：100125
责任编辑：郑　君
版式设计：杨　婧　责任校对：吴丽婷
印刷：中农印务有限公司
版次：2024 年 10 月第 1 版
印次：2024 年 10 月北京第 1 次印刷
发行：新华书店北京发行所
开本：700mm×1000mm　1/16
印张：7.75
字数：106 千字
定价：68.00 元

《巩固拓展脱贫攻坚成果经验与实践》
课题组

组 长：吕　方　刘俊文

成 员：梅　琳　黄雄英　颜晓婷　刘应响　庞礴为

徐丽萍　贺胜年　刘欢欢　姜晓群　姚　远

◎ 总序

消除贫困是人类梦寐以求的理想，人类发展史就是与贫困不懈斗争的历史。中国是拥有 14 亿人口、世界上最大的发展中国家，基础差、底子薄，发展不平衡，长期饱受贫困问题困扰。消除贫困、改善民生、实现共同富裕，是社会主义的本质要求，是中国共产党的重要使命。为兑现这一庄严政治承诺，100 多年来，中国共产党团结带领中国人民，以坚定不移、顽强不屈的信念和意志与贫困进行了长期艰苦卓绝的斗争。改革开放以来，中国实施了大规模、有计划、有组织的扶贫开发，着力解放和发展社会生产力，着力保障和改善民生，取得了前所未有的伟大成就。2012 年党的十八大以来，以习近平同志为核心的党中央把脱贫攻坚摆在治国理政的突出位置，习近平总书记亲自谋划、亲自挂帅、亲自督战，推动实施精准扶贫精准脱贫基本方略，动员全党全国全社会力量，打赢了人类历史上规模空前、力度最大、惠及人口最多的脱贫攻坚战。

脱贫攻坚战的全面胜利，离不开有为政府和有效市场的有机结合。八年间，以习近平同志为核心的党中央加强对脱贫攻坚的集中统一领导，发挥中国特色社会主义制度能够集中力量办大事的政治优势，把减贫摆在治国理政的突出位置，为脱贫攻坚提供了坚强政治和组织保证。广泛动员市场、社会力量积极参与，实施"万企帮万村"等行动，鼓励民营企业和社会组织、公民个人参与脱贫攻坚，促进资金、人才、技术等要素向贫困地区集聚。截至 2020 年底，现行标准下 9 899 万农村贫困人口全部脱贫，832 个贫困县全部摘帽，12.8万个贫困村全部出列，区域性整体贫困得到解决，完成了消除绝对贫困的艰巨任务。建成了世界上规模最大的教育体系、社会保障体系、医疗卫生体系，实现了快速发展与大规模减贫同步、经济转型与消除绝对贫困同步。

一直以来，中国始终是世界减贫事业的积极倡导者、有力推动者和重要贡献者。按照世界银行国际贫困标准，改革开放以来，我国减贫人口占同期全球减贫人口70%以上，占同期东亚和太平洋地区减贫人口的80%。占世界人口近五分之一的中国全面消除绝对贫困，提前10年实现《联合国2030年可持续发展议程》减贫目标，不仅是中华民族发展史上具有里程碑意义的大事件，也是人类减贫史乃至人类发展史上的大事件，为全球减贫事业发展和人类发展进步作出了重大贡献。

中国立足自身国情，把握减贫规律，走出了一条中国特色减贫道路，形成了中国特色反贫困理论，创造了减贫治理的中国样本。坚持以人民为中心的发展思想，坚定不移走共同富裕道路，是扶贫减贫的根本动力。坚持把减贫摆在治国理政突出位置，从党的领袖到广大党员干部，目标一致、上下同心，加强顶层设计和战略规划，广泛动员各方力量积极参与，完善脱贫攻坚制度体系，保持政策连续性稳定性。坚持用发展的办法消除贫困，发展是解决包括贫困问题在内的中国所有问题的关键，是创造幸福生活最稳定的途径。坚持立足实际推进减贫进程，因时因势因地制宜，不断调整创新减贫的策略方略和政策工具，提高贫困治理效能，精准扶贫方略是打赢脱贫攻坚战的制胜法宝，开发式扶贫方针是中国特色减贫道路的鲜明特征。坚持发挥贫困群众主体作用，调动广大贫困群众积极性、主动性、创造性，激发脱贫内生动力，使贫困群众不仅成为减贫的受益者，也成为发展的贡献者。

脱贫攻坚战取得全面胜利后，中国政府设立了5年过渡期，着力巩固拓展脱贫攻坚成果，全面推进乡村振兴。按照党的二十大部署，在以中国式现代化全面推进中华民族伟大复兴的新征程上，中国正全面推进乡村振兴，建设宜居宜业和美乡村，向着实现人的全面发展和全体人民共同富裕的更高目标不断迈进。中国巩固拓展脱贫攻坚成果和乡村振兴的探索和实践，将继续为人类减贫和乡村发展提供新的中国经验和智慧，为推动构建没有贫困的人类命运共同体贡献中国力量。

面对国际形势新动向新特征，习近平总书记提出"一带一路"倡议、全球发展倡议等全球共同行动，将减贫作为重点合作领域，致力于推动构建没有贫困、共同发展的人类命运共同体。加强国际减贫与乡村发展经验分享，助力全球减贫与发展进程，业已成为全球广泛共识。为此，自 2019 年起，中国国际减贫中心与比尔及梅琳达·盖茨基金会联合实施国际合作项目，始终坚持站在未来的角度、政策的高度精心谋划项目选题，引领国内外减贫与乡村发展前沿热点和研究走向。始终坚持将中国减贫与乡村发展经验与国际接轨，通过国际话语体系阐释中国减贫与乡村振兴道路，推动中国减贫与乡村发展经验的国际化传播。至今已实施了 30 余个研究项目，形成了一批形式多样、影响广泛的研究成果，部分成果已在相关国际交流活动中发布。

为落实全球发展倡议，进一步促进全球减贫与乡村发展交流合作，中国国际减贫中心精心梳理研究成果，推出四个系列丛书，包括"全球减贫与发展经验分享系列""中国减贫与发展经验国际分享系列""国际乡村发展经验分享系列"和"中国乡村振兴经验分享系列"。

"全球减贫与发展经验分享系列"旨在跟踪全球减贫进展，分析全球减贫与发展趋势，总结分享各国减贫经验，为推动《联合国2030 年可持续发展议程》、参与全球贫困治理提供知识产品。该系列主要包括"国际减贫年度报告""国际减贫理论与前沿问题"等全球性减贫知识产品，以及覆盖非洲、东盟、南亚、拉丁美洲及加勒比地区等区域性减贫知识产品。

"中国减贫与发展经验国际分享系列"旨在讲好中国减贫故事，向国际社会分享中国减贫经验，为广大发展中国家实现减贫与发展提供切实可行的经验。该系列聚焦中国精准扶贫、脱贫攻坚和巩固拓展脱贫攻坚成果的经验做法，基于国际视角梳理形成中国减贫经验分享的知识产品。

"国际乡村发展经验分享系列"聚焦国际乡村发展历程、政策和实践，比较中外乡村发展经验和做法，为全球乡村发展事业提供交流互鉴的知识产品。该系列主要包括"国际乡村振兴年度报告""乡村治理国际经验比较分析报告""县域城乡融合发展与乡村振兴"等研究成果。

"中国乡村振兴经验分享系列"聚焦讲好中国乡村振兴故事，及时总结乡村振兴经验、做法和典型案例，为国内外政策制定者和研究者提供参考。该系列主要围绕乡村发展、乡村规划、共同富裕等议题，梳理总结有关政策、经验和实践，基于国际视角开发编写典型案例等。

最后，感谢所有为系列图书顺利付梓付出辛勤汗水的相关项目组、出版社和编辑人员，以及关心和支持中国国际减贫中心的政府机构、高校和科研院所、社会组织和各界朋友。系列书籍得到了比尔及梅琳达·盖茨基金会的慷慨资助以及盖茨基金会北京代表处的悉心指导和帮助，在此表示衷心感谢！

全球减贫与乡村发展是动态而不断变化的，书中难免有挂一漏万之处，敬请读者指正！

刘俊文

中国国际减贫中心　主任

2024 年 1 月

◎ 目 录

◎ 第一章 导　论

　　贫困是人类社会的顽疾，消除贫困是人类的共同愿景和使命。党的十八大以来，在以习近平同志为核心的党中央领导下，中国组织实施了人类历史上规模空前、力度最大、惠及人口最多的脱贫攻坚战，战胜了绝对贫困问题，创造了人类发展史上的伟大奇迹。中国在减贫实践中探索形成的宝贵经验既属于中国也属于世界，拓展了人类反贫困思路，为人类减贫探索了新的路径。脱贫攻坚战圆满决胜收官后，中国"三农"工作的重心历史性地转向全面推进乡村振兴战略，做好巩固拓展脱贫攻坚成果工作，促进脱贫攻坚同乡村振兴有效衔接是顺利实现"三农"工作重心转移的必然要求和现实路径。

一、脱贫攻坚战的伟大成就

　　党的十八大以来，在以习近平同志为核心的党中央坚强领导下，中国经历了对党和人民事业具有重大现实意义和深远历史意义的三件大事，其中之一便是完成脱贫攻坚、全面建成小康社会的历史任务，实现第一个百年奋斗目标[①]。从 2012 年以来，中国平均每年 1 000 多万人脱贫（图 1-1），相当于一个中等国家的人口脱贫；至 2020 年底，全国 832 个贫困县全部摘帽，近一亿农村贫困人口实现脱贫，960 多万贫困人口实现易地搬迁，

---

　　① 新华社：《高举中国特色社会主义伟大旗帜　为全面建设社会主义现代化国家而团结奋斗——在中国共产党第二十次全国代表大会上的报告》，2022 - 10 - 25，https：//www.gov.cn/xinwen/2022 - 10/25/content_5721685.htm.

2 000多万贫困患者得到分类救治，近2 000万贫困群众享受低保和特困救助供养，2 400多万困难和重度残疾人拿到了生活和护理补贴，110多万贫困群众当上护林员①。贫困人口全部实现"两不愁三保障"，行路难、吃水难、用电难、通信难、上学难、就医难等问题得到历史性解决②。脱贫攻坚惠及中国农村的各个角落，提升了无数人的生活幸福感和获得感。脱贫攻坚取得的伟大成就是多层面的，直接成果体现为，脱贫地区经济社会发展条件大幅改善，为全面建成小康社会补齐了"突出短板"；间接成果表现为，脱贫地区后续发展有了良好基础，党的基层组织凝聚力、战斗力明显增强，干群关系明显改善，为全球减贫治理提供中国样本，助力全球减贫事业。

图1-1　按现行农村贫困标准衡量的2012—2020年中国农村贫困状况
资料来源：历年《中国农村贫困监测报告》

---

① 新华社：《习近平：在全国脱贫攻坚总结表彰大会上的讲话》，2021-02-25，https://www.gov.cn/xinwen/2021-02/25/content_5588869.htm.

② 习近平.习近平著作选读（第一卷）[M].北京：人民出版社，2023，432.

（一）经济社会发展条件大幅改善

脱贫地区经济社会发展条件大幅改善，贫困群众生产生活条件发生历史性巨变。脱贫地区基础设施和基本公共服务水平显著提高。具备条件的乡镇和建制村全部通硬化路、通客车、通邮路；新改建农村公路110万公里，新增铁路里程3.5万公里①。通动力电的行政村比重99.3%，其中大电网覆盖范围内行政村全部通动力电②；通信信号、通宽带互联网、广播电视信号覆盖的行政村比重依次为99.9%、99.6%、99.9%③；有村级综合服务设施的行政村比重99.0%④。在县级，至少有一所县级公立医院（含中医院）的县比重99.8%；在乡村级，所在乡镇有卫生院的行政村比重99.8%⑤；贫困地区县级医院收治病种中位数达到全国县级医院整体水平的90%，越来越多大病在县域内可以得到有效救治⑥。790万户、2 568万贫困群众的危房得到改造，累计建成集中安置区3.5万个、安置住房266万套，960多万人"挪穷窝"⑦。贫困地区自来水普及率从2015年的70%提高到2020年的83%⑧，全部实现集中供水的行政村比重65.5%，部分实现集中供水的行政村比重31.9%⑨；全部实现垃圾集中处理或清运的行政村比重89.9%，部分实现垃圾集中处理或清运的行政村比

①② 新华社：《习近平：在全国脱贫攻坚总结表彰大会上的讲话》，2021 - 02 - 25，https：//www. gov. cn/xinwen/2021 - 02/25/content _ 5588869. htm.

③④⑧ 国家统计局：《脱贫攻坚战取得全面胜利 脱贫地区农民生活持续改善——党的十八大以来经济社会发展成就系列报告之二十》，2022 - 10 - 11，http：//www. stats. gov. cn/sj/sjjd/202302/t20230202 _ 1896696. html.

⑤⑨ 国家统计局：《国家脱贫攻坚普查公报（第四号）——国家贫困县基础设施和基本公共服务情况》，2021 - 02 - 25，http：//www. stats. gov. cn/sj/zxfb/202302/t20230203 _ 1900999. html.

⑥ 光明日报：《建档立卡贫困家庭辍学学生清零——我国义务教育有保障的目标基本实现》，2020 - 09 - 24，http：//www. moe. gov. cn/jyb _ xwfb/s5147/202009/t20200924 _ 490274. html.

⑦ 国新网：《〈人类减贫的中国实践〉白皮书（全文）》，2021 - 04 - 06，http：//www. scio. gov. cn/zfbps/ndhf/44691/Document/1701664/1701664. htm.

重 9.0％[①]。享受过产业帮扶、就业帮扶、健康帮扶政策的建档立卡户占总数的 98.9％、93.8％、99.6％[②]。99.9％以上的贫困人口参加基本医疗保险，6 098 万贫困人口参加了城乡居民基本养老保险，基本实现应保尽保[③]。千百万贫困家庭的孩子享受到更公平的教育机会，2013 年以来累计改造贫困地区义务教育薄弱学校 10.8 万所[④]，义务教育阶段建档立卡贫困家庭辍学学生清零[⑤]，国家贫困县建档立卡户适龄少年儿童中 98.83％在校就学[⑥]，九年义务教育巩固率达到 94.8％[⑦]。中西部 22 个省份基层文化中心建设完成比例达到 99.48％，基本实现村级文化设施全覆盖[⑧]。少数民族和民族地区在 2016—2020 年贫困人口累计减少 1 560 万，28 个人口较少民族全部整族脱贫[⑨]。国家贫困县农村居民人均可支配收入从 2013 年的 6 079 元增长到 2020 年的 12 588 元，年均增长 11.6％，高于全国农村居民 2.3 个百分点[⑩]（表 1 - 1）。

表 1 - 1　2013—2020 年中国贫困地区农村居民可支配收入构成

单位：元/人

年份	可支配收入	工资性收入	经营净收入	财产净收入	转移净收入
2013	6 079	1 920	2 788	62	1 308
2014	6 852	2 240	3 033	81	1 497
2015	7 653	2 556	3 282	93	1 722

①③④⑦⑧⑩　国家统计局：《脱贫攻坚战取得全面胜利　脱贫地区农民生活持续改善——党的十八大以来经济社会发展成就系列报告之二十》，2022 - 10 - 11，http：//www.stats.gov.cn/sj/sjjd/202302/t20230202_1896696.html.

②　国家统计局：《国家脱贫攻坚普查公报（第四号）——国家贫困县基础设施和基本公共服务情况》，2021 - 02 - 25，http：//www.stats.gov.cn/sj/zxfb/202302/t20230203_1900999.html.

⑤　光明日报：《建档立卡贫困家庭辍学学生清零——我国义务教育有保障的目标基本实现》，2020 - 09 - 24，http：//www.moe.gov.cn/jyb_xwfb/s5147/202009/t20200924_490274.html.

⑥　国家统计局：《国家脱贫攻坚普查公报（第二号）——建档立卡户"两不愁三保障"和饮水安全有保障实现情况》，2021 - 02 - 25，http：//www.stats.gov.cn/sj/zxfb/202302/t20230203_1901001.html.

⑨　光明网：《28 个人口较少民族整族脱贫》，2021 - 04 - 06，https：//m.gmw.cn/baijia/2021 - 04/06/1302212952.html.

（续）

年份	可支配收入	工资性收入	经营净收入	财产净收入	转移净收入
2016	8 452	2 880	3 443	107	2 021
2017	9 377	3 210	3 723	119	2 325
2018	10 371	3 627	3 888	137	2 719
2019	11 567	4 082	4 163	159	3 163
2020	12 588	4 444	4 391	185	3 567

数据来源：历年《中国农村贫困监测报告》。

中国脱贫攻坚巨大成就得到国际社会高度赞誉。世界农业发展基金亚太部主任奈杰尔·布雷特称赞中国减贫成就，并将成功原因概括为三点："重视农民、农业和农村，注重创新，投资农村基础设施、连接农民与市场。"[1] 印度尼西亚国际战略研究中心中国研究中心主任维罗妮卡认为，中国通过完善社会保障制度、加强教育等措施避免已脱贫人口返贫，为不少国家解决贫困问题提供了启示[2]。在哈萨克斯坦共产人民党中央书记科努罗夫看来，中国减贫事业取得举世瞩目的成功，首先源自中国政府科学、高效的顶层设计，不断加强基础设施建设、推进教育扶贫和医疗健康扶贫；同时，相关扶贫政策的落实充分释放市场活力，做到因地制宜，人尽其才[3]。牛津大学人类与发展研究中心主任萨宾娜·阿尔克表示，中国目前所开展的精准扶贫方略在精准识别、精准帮扶、精准管理、精准退出等方面对其他发展中国家有重要的借鉴意义[4]。华盛顿智库中美研究中心高级研究员索拉布·古普塔认为，中国减贫成功的原因之一在于政府在消

---

① 央广网：《国际社会：中国减贫成就举世瞩目 助力全球减贫事业》，2021 - 02 - 26，https：//baijiahao. baidu. com/s?id=16927463296121299959&wfr=spider&for=pc.

② 人民网：《"中国为全球减贫事业作出重要贡献"》，2020 - 06 - 02，https：//baijiahao. baidu. com/s?id=1668336583259936619&wfr=spider&for=pc.

③ 人民网：《为全球减贫事业探索有益路径》，2020 - 08 - 24，https：//baijiahao. baidu. com/s?id=16758535008177171176&wfr=spider&for=pc.

④ 中新网：《扶贫减贫下一步：坚持什么？何处发力？》，2017 - 12 - 08，https：//www. chinanews. com/gn/2017/12 - 08/8395581. shtml.

除贫困方面的积极政策，以基础教育、基本卫生服务和基础设施为重点的方针政策，对中国人才资源建设起到了重要作用[①]。

（二）村庄内生动力不断增强

农民精神面貌焕然一新，乡风文明焕发新气象。打好脱贫攻坚战，关键在人，在于提升人的观念、能力、干劲；贫困群众既是脱贫攻坚的对象，更是脱贫致富的主体。通过"扶志"摆脱意识贫困，通过"扶智"摆脱能力贫困，通过就业摆脱机会贫困，贫困群众对美好生活的追求被唤醒，底气变得更足，脱贫致富动力也愈发强大。

一是脱贫致富热情高涨。脱贫工作在一定程度上增强了贫困群众通过自己双手改变命运的干劲、韧劲和闯劲，重塑其努力拼搏、奋发图强的精神风貌，形成了你追我赶奔小康的氛围，这种自我内生发展能力的培育增添了他们自立自强的信心和勇气，脱贫群众的精神世界发生了深刻改变。二是主人翁意识显著提升。充分尊重人民群众主体地位和自主意愿、首创精神，坚持重大问题民主决策，实行"四议两公开"，提升群众参与产业发展和乡村治理的积极性和主动性，做到"大家的事大家议、大家办"，激发了群众建设家乡的热情；全国贫困村的村均集体经济收入从 2013 年的几近于无到 2020 年底的超过 12 万元[②]，集体经济收入得到长足发展和大幅提升，使农村社区服务群众的能力显著增强，群众的获得感、幸福感、安全感不断增强，让群众真正成为乡村振兴的受益者。三是现代观念不断增强。农村生产生活条件的改善打破了以往贫困地区与世隔绝的封闭状态，让群众在接触公共文化事业的过程中开阔眼界、陶冶情操，通过网

---

① 人民日报：《"中国减贫经验为发展中国家提供有益借鉴"——国际人士积极评价中国脱贫攻坚和持续改善民生》，2019 - 03 - 10，https：//www. gov. cn/xinwen/2019 - 03/10/content_5372464. htm.

② 国新网：《〈人类减贫的中国实践〉白皮书（全文）》，2021 - 04 - 06，http：//www. scio. gov. cn/zfbps/ndhf/44691/Document/1701664/1701664. htm.

络世界增长见识，从而逐渐激发出改造本土环境、促进乡村建设和发展的能动性、创造性、自主性，进一步增强市场意识、规则意识、开放思维等。四是文明新风广泛弘扬。移风易俗专项治理、思想道德强化教育、公共文化服务等活动在田间地头广泛开展，社会主义核心价值观得到广泛传播，优秀传统农耕文化内涵得以深挖，和谐互助、孝亲爱老等在广大脱贫地区蔚然成风，滋润人心、德化人心、凝聚人心，培育了文明乡风、良好家风、淳朴民风，加强了贫困群众的思想觉悟、道德水准、文明素养，脱贫地区文明程度显著提升。

印度夏马尔大学教授卡玛奇亚认为，"很多国家为解决贫困问题出台了很多举措，做了很多事情，但成效不佳。中国注重让贫困人口在摆脱物质贫困的同时，摆脱意识贫困，调动贫困民众积极性，这是难能可贵的。"① 阿联酋政策研究中心主任伊卜提·萨姆对中国注重从"扶智"方面进行职业技能培训等做法表示赞赏。"贫困人口一般教育水平较低，公共管理者一对一地与他们建立长期联系，有利于他们不断更新认识。一旦贫困民众的认识改变，接受脱贫帮扶的效果就会提高。"② 波兰华沙大学国际关系研究所新闻和政治研究系教授加恩·罗文斯基指出中国的减贫工作体现了执政党以民生为导向的执政理念③。

（三）党的执政基础更加稳固

党群、干群关系明显改善，干部能力明显提升，党在农村的执政基础更加牢固④。火车跑得快，全靠车头带。脱贫攻坚任务能否高质量完成，

---

① ③ 人民日报：《中国减贫之路"优质高效"——国际人士积极评价中国脱贫攻坚》，2018 - 02 - 01，https：//www. gov. cn/xinwen/2018 - 02/01/content_5262712. htm。

② 人民日报：《"中国减贫经验为发展中国家提供有益借鉴"——国际人士积极评价中国脱贫攻坚和持续改善民生》，2019 - 03 - 10，https：//www. gov. cn/xinwen/2019 - 03/10/content_5372464. htm。

④ 新华社：《习近平：在全国脱贫攻坚总结表彰大会上的讲话》，2021 - 02 - 25，https：//www. gov. cn/xinwen/2021 - 02/25/content_5588869. htm。

关键在人，关键在干部队伍作风。坚持抓党建促脱贫攻坚、抓扶贫先强班子。一方面，"省市县乡村五级书记一起抓"、落实一把手负责制，为脱贫攻坚提供了坚强政治保证，是确保脱贫攻坚取得实效的关键所在。另一方面，农村基层党组织是党在农村全部工作和战斗力的基础，脱贫攻坚期间，围绕着加强基层组织建设，整顿软弱涣散基层党组织，从2013年至2020年底，全国累计选派25.5万个驻村工作队、300多万名第一书记和驻村干部开展精准帮扶①，并把优秀党员选派到村党组织书记岗位上。各级党组织和广大共产党员坚决响应党中央号召，贯彻落实党的扶贫开发工作部署，近200万名乡镇干部和数百万村干部一道奋战在扶贫一线②，在脱贫攻坚战中得到锤炼，带领群众补短板、强基础，充分发挥农村基层党组织的战斗堡垒作用。"脚下沾有多少泥土，心中就沉淀多少真情"，脱贫攻坚以来，1 800多名党员、干部为减贫事业献出了宝贵生命③，用实际行动践行了以人民为中心的发展思想。广大党员干部想方设法为各类困难群众排忧解难，厚植"让乡亲们过好光景"的人民情怀，其责任感、凝聚力、战斗力、领导力和号召力明显增强，农村基层治理能力和管理水平明显提高④。贫困地区广大群众对巩固拓展脱贫攻坚成果的认可度达94.9%⑤，党群关系、干群关系得到极大巩固和发展。

哈萨克斯坦共产人民党中央书记科努罗夫表示，数亿中国人成功摆脱

---

① 中国青年网：《焦点访谈：十年·答卷　摆脱贫困的战斗堡垒》，2022-10-12，https：//baijiahao. baidu. com/s?id=17464497604017106758&wfr=spider&for=pc.

②③ 国新网：《〈人类减贫的中国实践〉白皮书（全文）》，2021-04-06，http：//www. scio. gov. cn/zfbps/ndhf/44691/Document/1701664/1701664. htm.

④ 新华社：《习近平：在全国脱贫攻坚总结表彰大会上的讲话》，2021-02-25，https：//www. gov. cn/xinwen/2021-02/25/content_5588869. htm.

⑤ 人民日报：《第三方评估数据显示　脱贫地区群众对巩固拓展脱贫攻坚成果认可度达94.9%》，2022-06-23，http：//www. npc. gov. cn/npc/c30834/202206/956639e823d3410c91e64b-219963c141. shtml.

贫困与中国共产党的坚强领导密不可分；基层党组织在带领群众脱贫致富过程中发挥了不可替代的作用①。华盛顿智库中美研究中心高级研究员索拉布·古普塔认为，中国减贫事业取得巨大成就的原因之一是政府在消除贫困方面的积极政策和认真执行②。南非共产党总书记索利·马派拉认为，开展扶贫工作的目的是要让贫困地区获得自我发展的能力，在中国的扶贫过程中，农村基层党组织积极发挥主观能动性，这种成功的脱贫模式充分显示出社会主义制度的优越性，值得借鉴和学习③。

（四）创造减贫治理的中国样本

脱贫攻坚事业为全球减贫治理贡献了中国智慧、中国方案，树立了减贫信心，提供了有益借鉴，助力全球减贫事业。消除贫困一直是广受热议、困扰治理的全球难题，是人类的共同使命和愿景。中国在 2020 年底历史性地解决了绝对贫困问题，特别是在全球贫困状况严峻、一些国家贫富分化加剧的背景下，提前 10 年实现《联合国 2030 年可持续发展议程》的减贫目标④，其减贫速度之快、脱贫规模之大、攻坚力度之强，创造了人类减贫史上规模最大的中国奇迹，谱写了人类反贫困史上的辉煌篇章，中国通过脱贫攻坚战所累积的经验为全球减贫治理交出了一份可供借鉴的中国答卷，拓宽了人类减贫的思路和方法，助力全球减贫事业。

---

① 人民网：《为全球减贫事业探索有益路径》，2020 - 08 - 24，https：//baijiahao. baidu. com/s？id=16758535008177771176&wfr＝spider&for＝pc.

② 人民日报：《"中国减贫经验为发展中国家提供有益借鉴"——国际人士积极评价中国脱贫攻坚和持续改善民生》，2019 - 03 - 10，https：//www. gov. cn/xinwen/2019 - 03/10/content _ 5372464. htm.

③ 央广网：《世界政党领导人谈中国的脱贫攻坚》，2020 - 08 - 03，https：//baijiahao. baidu. com/s？id=1674006221922295818&wfr＝spider&for＝pc.

④ 新华社：《习近平：在全国脱贫攻坚总结表彰大会上的讲话》，2021 - 02 - 25，https：//www. gov. cn/xinwen/2021 - 02/25/content _ 5588869. htm.

联合国前秘书长潘基文称赞中国在减贫领域取得了举世瞩目的成就，表示中国帮助联合国实现了千年发展计划的减贫目标[①]。世界银行前行长罗伯特·佐利克惊叹："毫无疑问，这是消除贫困的历史上最大的飞跃。仅中国的努力，就极大促进了与世界减贫有关的千年发展目标的实现。"[②] 巴基斯坦总统阿里夫·阿尔维表示，中国在过去几十年里成功让8亿多人口摆脱贫困，这一成就在历史上绝无仅有，巴基斯坦正在借鉴中国的扶贫经验[③]。美国亚洲协会高级顾问布鲁斯·皮克林感叹道：美国花费了整整200年解决贫困人口问题，而中国只用了40年时间，这绝对是伟大的成就[④]。美国哈佛大学温奈良教授表示中国成功的减贫故事为世界其他地区提供了经验。如果没有中国的减贫成就，联合国不可能在2015年宣布成功实现了千年发展目标的关键内容——将全球极端贫困人口减少一半[⑤]。意大利洛伦佐·德·美第奇国际学院副教授、外交学院外籍副教授法比奥·马西莫·帕伦蒂表示中国完成了一项看起来不可能完成的任务；中国不仅仅完成了让亿万人摆脱绝对贫困，还创造了一个世界范围内增速最快、规模最庞大的中产阶级[⑥]。阿根廷布宜诺斯艾利斯大学阿根廷中国研究中心研究员圣地亚哥·布斯特罗认为，中国在脱贫攻坚方面做出的努力应该被视为人类历史上最重要的成功范例，因为没有任何一个国家创造过

---

① 新华社：《潘基文：中国帮助联合国实现了千年发展计划的减贫目标》，2018 - 12 - 11，http：//www. scio. gov. cn/37259/document/1643341/1643341. htm.

② 新华社：《专访：中国扶贫经验值得巴基斯坦借鉴——访巴基斯坦总统阿里夫·阿尔维》，2020 - 01 - 19，http：//www. xinhuanet. com/world/2020 - 01/19/c_ 1125483033. htm.

③ 中国日报网：《专访：中国扶贫经验值得巴基斯坦借鉴——访巴基斯坦总统阿里夫·阿尔维》，2020 - 01 - 19，https：//baijiahao. baidu. com/s?id=1656145494266234072&wfr=spider&for=pc.

④ 今日中国：《国外高端人士看中国：期待中国与世界分享更多经验》，2019 - 03 - 12，https：//baijiahao. baidu. com/s?id=1627792803830370787&wfr=spider&for=pc.

⑤ 中国日报网：《「中国那些事儿」中国减贫成就斐然 美学者：世界应学习中国扶贫经验》，2019 - 04 - 12，https：//baijiahao. baidu. com/s?id=1630599965105703796&wfr=spider&for=pc.

⑥ 中国经济网：《专访意大利学者：中国构建了一张扶贫"安全网"》，2020 - 09 - 04，https：//baijiahao. baidu. com/s?id=1676882394463346668&wfr=spider&for=pc.

解决如此规模人口贫困问题的先例[①]。津巴布韦《先驱报》在《扶贫：来自中国的经验》一文中说，非洲国家正深陷贫困泥潭，而中国有可供学习的扶贫经验，中国非同寻常的扶贫战略被盛赞为全世界最佳范例之一，它向全世界表明，只要齐心协力，任何国家都能成功扶贫[②]。美国著名未来学家约翰·奈斯比特表示："可以把减贫看成是一块投向水中的石头，以小圆圈开始，然后荡出更大的圆圈。从全球背景来看，中国减贫的努力对寻求摆脱贫困的新兴经济体具有巨大价值。"[③]

二、巩固拓展脱贫攻坚成果的意义

由于致贫原因的多维复杂性，贫困问题的动态性、反复性和代际传递性等，防返贫致贫历来被视为重要且艰难的工作。中国人口规模庞大、地区发展不平衡，脱贫人口有返贫风险，脱贫质量仍需提高，加之新冠疫情的影响，稳定脱贫工作面临重重挑战，如脱贫成果存在就近就业质量不高、公益性岗位存在泛福利化倾向、技能培训的实用性欠缺等一系列问题。为了有效延续和提升脱贫攻坚成果，中国建立并不断完善巩固拓展脱贫攻坚成果的制度体系，保持攻坚决胜的力度，延续脱贫攻坚的精准理念和精准办法，在"摘帽不摘责任、摘帽不摘政策、摘帽不摘帮扶、摘帽不摘监管"的"四不摘"政策基础上，出台制定了一系列守护脱贫成果的政策举措，着力防返贫、强帮扶，兴产业、促就业。

---

① 新华社：《综述：阿根廷学者认为疫情未改变中国经济长期向好基本面》，2020－07－18，https：//www.gov.cn/xinwen/2020－07/18/content＿5528048.htm.

② 人民日报：《俄新社今日发文：中国很快将没有穷人》，2017－03－16，https：//news.china.com/domestic/945/20170316/30332683＿1.html.

③ 人民日报：《中国减贫之路"优质高效"——国际人士积极评价中国脱贫攻坚》，2018－02－01，https：//www.gov.cn/xinwen/2018－02/01/content＿5262712.htm.

（一）守住脱贫成果，守护庄严承诺

脱贫攻坚战取得累累硕果的同时，巩固拓展脱贫攻坚成果接续推进乡村振兴的工作仍存在一系列难点。在成功全面消除绝对贫困以后，守住脱贫成果、不发生规模性返贫成为全面推进乡村振兴的底线目标。巩固拓展脱贫攻坚成果，防止返贫、守住不发生规模性返贫的底线，增强脱贫地区和脱贫群众内生发展动力，切实提高脱贫效果的成色，确保脱贫地区和脱贫人口实现真正的永久性脱贫，推动巩固拓展脱贫攻坚成果上台阶、乡村全面振兴见实效，是守护庄严承诺的必然要求，对于促进全体人民共享改革发展成果、实现共同富裕的伟大梦想具有重大意义。习近平总书记指出，"乡村振兴的前提是巩固脱贫攻坚成果，要持续抓紧抓好，让脱贫群众生活更上一层楼。要持续推动同乡村振兴战略有机衔接，确保不发生规模性返贫，切实维护和巩固脱贫攻坚战的伟大成就。"① 国家"十四五"规划，将"脱贫攻坚成果巩固拓展，乡村振兴战略全面推进"作为重要内容，明确"实现巩固拓展脱贫攻坚成果同乡村振兴有效衔接"的要求②。实践层面，需要通过转化、延续和提升脱贫攻坚时期好的经验做法，实现贫困人口的真正脱贫、长久脱贫，在稳定脱贫的基础上接续推进脱贫地区发展和脱贫群众生活改善、推进乡村振兴，朝着逐步实现全体人民共同富裕的目标继续前进。

（二）促进制度转换，凝聚振兴合力

脱贫攻坚阶段中国国家减贫治理体系建设所取得的经验与成就，对乡

---

① "学习强国"学习平台：《习近平论"三农"工作和乡村振兴战略（2021年）》，2022-01-05，http://www.moa.gov.cn/ztzl/xjpgysngzzyls/zyll/202105/t20210524_6368271.htm.

② 新华社：《中共中央关于制定国民经济和社会发展第十四个五年规划和二〇三五年远景目标的建议》，2020-11-03，https://www.gov.cn/zhengce/2020-11/03/content_5556991.htm.

村全面振兴具有重要的启示意义和借鉴价值①。从 2018 年中央 1 号文件首次提出"做好实施乡村振兴战略与打好精准脱贫攻坚战的有机衔接"以来，到 2020 年脱贫攻坚圆满决胜收官，由集中资源支持脱贫攻坚转向全面推进乡村振兴过程中，中央到地方都保持着严谨的政策、投入和工作接续，确保政策不留白、工作不断档、投入不减少、机制不漏人，坚决制止形式主义，通过解决各类问题、战胜各种挑战，实现目标体系、政策体系、监督体系诸方面的平稳过渡和有效转换②，将脱贫攻坚期间好的经验做法延续与转换到乡村振兴的制度体系上来。巩固拓展脱贫攻坚成果的过程，是牢牢守住不发生规模性返贫的底线，增强脱贫地区和脱贫群众的"造血"功能的过程，也是着力防返贫、强帮扶，兴产业、促就业，逐步向乡村振兴制度体系转换，广泛凝聚乡村振兴力量，为推进宜居宜业和美乡村奠定坚实基础。

巩固拓展脱贫攻坚成果同乡村振兴有效衔接，一方面，保持主要帮扶政策稳定是守护脱贫成果、确保稳定脱贫的关键。首先保持脱贫攻坚阶段主要帮扶政策总体稳定③，通过增强政策供给的系统性、协同性，以及保持政策支持的稳定性，逐渐达到发展环境根本改善、发展能力有效提升的程度，广泛凝聚脱贫攻坚与乡村振兴各方力量，确保不发生规模性返贫，切实维护和巩固拓展脱贫攻坚成果。另一方面，增强内生发展动力是实现稳定脱贫和自我可持续发展的核心。习近平总书记指出，"贫困群众既是脱贫攻坚的对象，更是脱贫攻坚的主体。"④ 无论是打赢脱贫攻坚战，还是实施乡村振兴战略，都要坚持群众主体，尊重广大农民的主体性、能动

①② 吕方. 乡村振兴与中国式现代化道路：内涵、特征、挑战及关键议题 [J]. 杭州师范大学学报（社会科学版），2021，43（5）98-105.

③ 人民日报：《历史性的跨越 新奋斗的起点——习近平总书记关于打赢脱贫攻坚战重要论述综述》，2021-02-24，http：//cpc. people. com. cn/n1/2021/0224/c64387-32035208. html.

④ 人民日报：《推动拓展脱贫攻坚成果同乡村振兴有效衔接高质量发展——访农业农村部副部长、国家乡村振兴局局长刘焕鑫》，2023-07-04，https：//www. gov. cn/zhengce/202307/content_6889767. htm.

性和创造性，激发他们的内生发展动力，建立健全稳定脱贫、拓展成果的长效机制，让脱贫群众对美好生活的向往不断变为现实，实现脱贫攻坚与乡村振兴的平稳过渡和有效衔接，推进中国特色社会主义现代化强国建设。

三、巩固拓展脱贫攻坚成果成效

（一）守住不发生规模性返贫底线

中国守住了不发生规模性返贫底线，近三分之二的监测户消除返贫风险。在防返贫动态监测方面，2022 年中国各地已全面建立防止返贫动态监测和帮扶机制，以及时发现、干预并帮扶易返贫致贫人口。截至 2022 年，65.3% 的防返贫监测对象已消除返贫风险，其余人员均已落实帮扶措施[1]；教育、医疗、住房和饮水安全保障问题保持动态清零[2]。

（二）增强脱贫地区和脱贫群众内生发展动力

实现稳定脱贫的核心是脱贫地区发展环境持续向好和脱贫人口自我发展能力提升。除了保持外在帮扶政策的总体稳定性外，通过"扶志"摆脱意识贫困，通过"扶智"摆脱能力贫困，通过就业摆脱机会贫困，强化脱贫群众依靠自身力量的内源发展至关重要。在乡村振兴阶段，防返贫要提升能力、增强韧性，需应对的难点不少，特别是一些重点区域、重点群体，由于同质化严重、市场化导向弱、产业链短等产业发展瓶颈，以及劳动力文化素养和技术水平低等就业限制，社会帮扶供需错配等外部环境问

---

[1]　新华社：《半月谈｜成果巩固：严防返贫聚合力》，2023 - 04 - 10，https：//baijiahao.baidu.com/s?id=1762761833576165210&wfr=spider&for=pc.

[2]　人民日报：《推动拓展脱贫攻坚成果同乡村振兴有效衔接高质量发展——访农业农村部副部长、国家乡村振兴局局长刘焕鑫》，2023 - 07 - 04，https：//www.gov.cn/zhengce/202307/content_6889767.htm.

题，脱贫地区和脱贫群众的稳定脱贫基础、抵御风险能力仍十分薄弱，自主性、能动性和创造性有待提升。因此，中国将重点放在增强脱贫地区、脱贫村庄和脱贫户的抗风险与自我发展能力上，对影响稳定脱贫风险因素足够重视，通过补足产业、就业短板，激发脱贫地区和脱贫群众依靠自身力量发展的志气、心气、底气，增强"造血"功能。

其一，中国脱贫地区的发展环境持续改善，脱贫产业提档升级，持续补上技术、设施、营销等短板。每个脱贫县已发展出 2～3 个主导产业①；主导产业特色保险覆盖率在 2022 年达 70％②；特色主导产业 2021 年产值超过 1.5 万亿元，有 300 多个脱贫县的单一主导产业产值超过 10 亿元③。

其二，脱贫群众的内生动力明显增强、发展信心显著增长。这主要体现在稳定脱贫劳动力就业、增加脱贫人口收入、消费结构多元化、环境卫生条件改善等方面，提升他们的风险防范化解能力，激发他们的主体意识、能动意识和创造能力，唤醒他们对美好生活的向往和追求。在增加脱贫人口就业的问题上，一方面，国家组织动员脱贫劳动力外出务工，实现务工就业的脱贫人口在 2021、2022 年依次为 3 145 万人、3 278 万人，增幅依次为 4.20％、4.23％④⑤。另一方面，国家大力支持就业帮扶车间和公益性岗位发展，促进就近就地就业，并鼓励发展各类新型经营主体。脱贫地区各类新型经营主体辐射带动近 3 000 万脱贫人口，人均实现产业增

---

① 农民日报：《完善帮扶政策　建立长效机制——2022 年脱贫攻坚成果持续巩固拓展》，2022 - 12 - 26，http：//www.moa.gov.cn/ztzl/zyncgzh2022/pd2022/202212/t20221226_6417589.htm.
② 光明网：《国家乡村振兴局：2022 年脱贫人口人均纯收入达 14342 元》，2023 - 01 - 20，https：//m.gmw.cn/baijia/2023 - 01/20/1303260385.html.
③ 人民日报：《巩固拓展脱贫攻坚成果一年间——脱贫群众生活更上一层楼》，2022 - 02 - 25，https：//www.nrra.gov.cn/art/2022/2/25/art_5123_194108.html.
④ 科技日报：《巩固拓展脱贫成果这一年：防风险、抓衔接、促发展》，2022 - 02 - 26，https：//baijiahao.baidu.com/s?id=1725754312059915720&wfr=spider&for=pc.
⑤ 央广网：《国家乡村振兴局：2022 年脱贫劳动力务工就业规模 3278 万人》，2023 - 01 - 18，https：//baijiahao.baidu.com/s?id=1755340625905867875&wfr=spider&for=pc.

收 2 200 元以上[①]。此外，还强化易地扶贫搬迁后续扶持，实现有劳动力的搬迁家庭一户一人以上就业[②]。脱贫人口收入增加，消费结构多元化。脱贫地区和脱贫人口的收入增速较快，2021 年脱贫人口人均纯收入达12 550 元，比上年增长 16.9%[③]，2022 年为 14 342 元，同比增长14.3%[④]，增速比全国农民平均水平高出 8%[⑤]；脱贫县农民人均可支配收入在 2021 年为 14 051 元、同比增长 11.6%，在 2022 年为 15 111 元、增长 7.5%[⑥]，增速比全国农民平均水平高出 1.2%[⑦]。脱贫地区农村居民生活水平稳步提升，消费结构多元化。2021 年脱贫县农村居民人均消费支出 12 311 元，实际增长 13.6%，其中，衣食消费支出较快增长，人均食品烟酒消费支出 4 206 元，增长 15.8%；人均衣着消费支出 696 元，增长 18.5%；居住及生活用品支出稳定增长，生活质量稳步提高，人均居住消费支出 2 453 元，增长 7.1%；人均生活用品及服务消费支出 697元，增长 11.1%。发展型消费支出稳步恢复，人均交通通信、文教娱乐、医疗保健消费支出分别为 1 436 元、1 409 元和 1 208 元，分别增长

---

① 人民日报：《巩固拓展脱贫攻坚成果一年间——脱贫群众生活更上一层楼》，2022 - 02 - 25，https：//www. nrra. gov. cn/art/2022/2/25/art ＿5123 ＿194108. html.

② 人民日报：《推动拓展脱贫攻坚成果同乡村振兴有效衔接高质量发展——访农业农村部副部长、国家乡村振兴局局长刘焕鑫》，2023 - 07 - 04，https：//www. gov. cn/zhengce/202307/content ＿6889767. htm.

③ 人民日报：《人民时评：脱贫基础更稳固，乡村振兴开新局》，2022 - 03 - 03，https：//www. gov. cn/xinwen/2022 - 03/03/content ＿5676582. htm.

④ 中国信息报：《中华人民共和国 2022 年国民经济和社会发展统计公报》，2023 - 03 - 01，http：//www. zgxxb. com. cn/pc/attachment/202303/01/0e2823f5 - 5461 - 4704 - 924c - 692c3c9fee6f. pdf.

⑤ 中国新闻网：《国家乡村振兴局：加力促进脱贫人口收入持续较快增长》，2023 - 06 - 28，https：//baijiahao. baidu. com/s?id＝1769957867909880335& wfr＝spider& for＝pc.

⑥ 国家统计局：《脱贫攻坚战取得全面胜利 脱贫地区农民生活持续改善——党的十八大以来经济社会发展成就系列报告之二十》，2022 - 10 - 11，http：//www. stats. gov. cn/sj/sjjd/202302/t20230202 ＿1896696. html.

⑦ 农民日报：《和美乡村入画来》，2022 - 12 - 22，http：//www. moa. gov. cn/ztzl/zyncgzh2022/pd2022/202212/t20221226 ＿6417601. htm.

13.9％、24.9％和13.8％①（图1-2）。环境卫生持续整治。截至2022年，中国农村卫生厕所普及率超过73％②，生活污水治理率达28％左右，生活垃圾治理基本实现全覆盖，90％以上的自然村生活垃圾得到收运处理，超过95％的村庄已开展清洁行动，全国排查出的2.4万个非正规垃圾堆放点整治基本完成③。

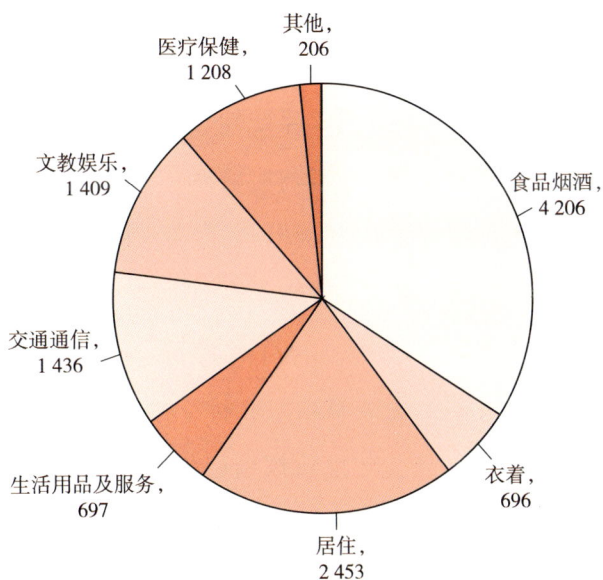

图1-2　2021年脱贫县农村居民人均消费支出及其构成（单位：元）

（三）制度体系平稳衔接，广泛凝聚振兴合力

制度体系平稳衔接，乡村振兴制度体系初步形成。在步入乡村振兴阶段后，在由集中资源支持脱贫攻坚转向全面推进乡村振兴的衔接过渡期，

---

① 国家统计局：《脱贫攻坚战取得全面胜利　脱贫地区农民生活持续改善——党的十八大以来经济社会发展成就系列报告之二十》，2022-10-11，http://www.stats.gov.cn/sj/sjjd/202302/t20230202_1896696.html.

② 中国信息报：《中华人民共和国2022年国民经济和社会发展统计公报》，2023-03-01，http://www.zgxxb.com.cn/pc/attachment/202303/01/0e2823f5-5461-4704-924c-692c3c9fee6f.pdf.

③ 农民日报：《和美乡村入画来》，2022-12-22，http://www.moa.gov.cn/ztzl/zyncgzh2022/pd2022/202212/t20221226_6417601.htm.

中国从中央到地方都保持着严谨的政策、投入和工作接续，确保政策不留白、工作不断档、投入不减少、机制不漏人，实现平稳有效过渡，改善脱贫地区的发展条件，保障脱贫地区和脱贫群众的权益。坚持系统的谋划和战略性布局，对财政、金融、土地、科技、人才、驻村帮扶等脱贫攻坚期间的帮扶政策采取延续、优化等方式分类处理，并研究出台了一批针对脱贫地区和脱贫群众的就业、产业、医疗、住房、教育、金融、社会帮扶、政策兜底等方面的过渡期支持政策。通过推动各级各部门细化政策与贯彻落实，实现政策供给的总体稳定性、系统性、协同性与过渡性，把巩固拓展脱贫攻坚成果抓得细之又细，继续将脱贫地区、脱贫村庄与脱贫群众的短板补齐、弱项强化，强化防返贫监测，尤其关注脱贫地区村庄的突出问题，加大对重点区域、重点领域、重点人群的倾斜支持力度，让防返贫工作关照到农村每一个角落。

东西部协作、中央单位定点帮扶、驻村帮扶和社会力量帮扶成效显著。2022 年，东西部协作省份年度协议指标任务超额完成，东部省份实际投入财政援助资金 230.9 亿元，引导 2 633 家企业到协作地区投资 1 354.2 亿元[①]。305 家中央单位共向 592 个定点帮扶县投入和引进帮扶资金 689 亿元，培训干部人才 187 万人次，采购、帮助销售脱贫地区农产品 440 亿元[②]。全国 20.96 万名驻村第一书记、56.3 万名驻村工作队员已完成选派轮换，到 2023 年 10 月全国有 26 个省份共 40 多万驻村第一书记和工作队员完成轮换[③]。社会力量帮扶成效卓越。2022 年中国动员 3 740 家民营企业与国家乡村振兴重点帮扶县建立对接关系，并引导 300 多家社会

---

①② 光明网：《国家乡村振兴局：2022 年脱贫人口人均纯收入达 14342 元》，2023 - 01 - 20，https：//m. gmw. cn/baijia/2023 - 01/20/1303260385. html.

③ 光明网：《今年 40 多万驻村工作队员 10 月底前完成轮换》，2023 - 06 - 02，https：//baijiahao. baidu. com/s?id=1767546365402128259&wfr=spider&for=pc.

组织与重点帮扶县初步达成结对帮扶意向①。中央出台14个方面的倾斜支持政策，动员3 779家民营企业、274家社会组织结对帮②。2022年全国消费帮扶总额近4 300亿元，直接采购脱贫地区农产品622.2亿元，帮助销售脱贫地区农产品3 667.7亿元；新建县乡村三级物流体系重点示范县730余个③。2022年4月，农业农村部与腾讯公司合作的"耕耘者"振兴计划开始培训乡村治理骨干和新型农业经营主体带头人，截至同年12月，该计划平台已覆盖全国31省10 267个村庄，服务"耕耘者"培训113个班次④。

　　脱贫攻坚的巨大成就和巩固拓展脱贫攻坚成果的成功实践再次表明，党对农业农村工作的领导是中国特色减贫道路，同时也是中国特色农业农村发展道路最为突出的政治优势。通过党建引领乡村治理，提升社区治理水平，降低发展成本，提升服务能力，可以说是乡村振兴最有效的"先手棋"⑤。

　　本报告共五章，内容结构如下。导论阐释了脱贫攻坚的多方面伟大成就，巩固拓展脱贫攻坚成果与乡村振兴两大战略之间的重要关系，以及巩固拓展脱贫攻坚成果的顶层设计与工作成效。紧接着的是守住不发生规模性返贫底线、增强脱贫地区和脱贫群众内生发展动力、推进宜居宜业和美乡村建设三大板块。第二章主要介绍我国为守住不发生规模性返贫底线而建立的一套有效地防止规模性返贫的工作体系经验，这套体系是在脱贫体

---

①　光明网：《国家乡村振兴局：2022年脱贫人口人均纯收入达14342元》，2023 - 01 - 20，https：//m. gmw. cn/baijia/2023 - 01/20/1303260385. html.

②　人民日报：《推动拓展脱贫攻坚成果同乡村振兴有效衔接高质量发展——访农业农村部副部长、国家乡村振兴局局长刘焕鑫》，2023 - 07 - 04，https：//www. gov. cn/zhengce/202307/content_6889767. htm.

③　光明网：《2022年全国消费帮扶总额近4300亿元》，2023 - 04 - 27，https：//baijiahao. baidu. com/s?id=1764282105730777418&wfr=spider&for=pc.

④　农民日报：《深化体系建设　提升治理效能》，2022 - 12 - 23，http：//www. moa. gov. cn/ztzl/zyncgzh2022/pd2022/202212/t20221226_6417612. htm.

⑤　吕方等. 脱贫攻坚与乡村振兴衔接丛书：组织［M］. 北京：人民出版社，2020.

制基础上根据巩固期的任务所进行的再部署和再设计，具体有四个方面：压实脱贫县委和县政府的主体责任；完善防返贫动态监测与帮扶机制；稳定政策、稳定投入、稳定就业；发挥制度优势，凝聚广泛力量。第三章主要陈述内生发展动力是指脱贫地区和脱贫群众自身的经济、社会、人力等方面的动力和潜力。一直以来，坚持开发式扶贫是中国减贫经验的重要内容，只有通过持续改善发展环境、持续提升发展能力，才能有效增强脱贫地区和脱贫群众的内生动力，为缩小两个差距奠定坚实的基础。在巩固拓展脱贫攻坚成果和全面推进乡村振兴的过程中，增强脱贫地区和脱贫群众的内生发展动力，涉及多个层面的治理单元：一是县域层面，主要坚定抓好产业和就业，持续壮大县域经济；二是社区层面，主要是发挥党建引领作用，推动新型农村集体经济高质量发展，增强社区的凝聚力和发展能力；三是个体层面，注重激发群众专业发展能力和个体发展愿望，提升群众人力资本建设和技能水平。第四章首先分析中国"三农"工作重心历史性转移的重要过程，其次从乡村发展、乡村建设、乡村治理等三个方面梳理中国在全面推进乡村振兴、建设宜居宜业和美乡村方面的探索与经验。最后一章"结语"呈现了过去几年在守住不发生规模性返贫底线、巩固拓展脱贫攻坚成果同乡村振兴有效衔接、宜居宜业和美乡村建设方面的成果，并在中国式现代化视域下对巩固拓展脱贫攻坚成果、全面推进乡村振兴做尝试性思考和展望。

◎ 第二章　巩固拓展脱贫攻坚成果的制度体系

巩固拓展脱贫攻坚成果制度体系建设经历了两个主要的阶段：一是党的十九大至 2020 年底的脱贫攻坚阶段，根本任务是坚决打赢脱贫攻坚战；二是夺取脱贫攻坚战全面胜利后"三农"工作重心全面转向乡村振兴，巩固拓展脱贫攻坚成果，防止返贫、守住不发生规模性返贫的底线，是全面推进乡村振兴的底线目标。

脱贫攻坚阶段，中央明确脱贫攻坚是实施乡村振兴战略的优先任务，尤其要做好巩固拓展脱贫攻坚成果的工作，实现脱贫攻坚与乡村振兴制度体系的平稳过渡和有效衔接。有关防返贫监测的制度性安排，由原来事后的帮扶变成事前的监测、事中的及时帮扶[①]，做到早预警、早反应、早干预、早帮扶，严格落实"四不摘"政策，保持工作力度不减。关于稳定脱贫的制度性安排，主要聚焦于优质特色产业的培育、就业率的稳定与提高、基础设施和公共服务短板的补齐、扶志扶智的精神面貌改善、社会力量的调动等工作，有序提升脱贫地区整体经济发展水平和脱贫群众生活质量。在进入脱贫攻坚战决胜年，中央对两大战略衔接工作的重视程度进一步加强，相关顶层设计和决策部署逐渐明晰化、体系化。

乡村振兴阶段，通过两大战略的"有效衔接、平稳过渡"，脱贫攻坚时期好的经验做法得到了转化、延续和提升。中央明确了几大要点：第

[①]　国务院扶贫办：《国务院扶贫开发领导小组关于建立防止返贫监测和帮扶机制的指导意见（国开发〔2020〕6 号）》，2020 - 03 - 20，https：//www.gov.cn/zhengce/zhengceku/2020 - 03/27/content _ 5496246. htm.

一，巩固拓展脱贫攻坚成果，防止返贫、守住不发生规模性返贫的底线，是全面推进乡村振兴的底线目标；坚持"四不摘"政策，保持攻坚决胜的工作力度，继续压实工作责任；第二，增强内生发展动力，是实现稳定脱贫和自我可持续发展的核心，着力改善脱贫地区发展条件；第三，保持主要帮扶政策稳定，汇聚各方力量，深化东西部扶贫协作和定点帮扶，深化消费扶贫；第四，巩固拓展衔接有序推进，保持政策的连续性和稳定性，实现"三农"工作重心的平稳转移。这一阶段形成的原创性政策主要有动态防返贫监测与帮扶机制、巩固拓展衔接统筹推进、内生动力提升与兜底保障相结合，做到及时预警、快速反应、分类施策、精准帮扶。与此同时，中央依据全面推进乡村振兴的工作目标和新形势，明确了乡村振兴的工作重点，部署了新的任务目标。特别是党的二十大报告，从推进中国式现代化的大历史语境中，强调农业强国建设、宜居宜业和美乡村建设，在方法层面，突出城乡融合发展，以县域为中心的新型城镇化与全面推进乡村振兴有机结合。

为了巩固好脱贫成果，防止发生规模性返贫底线，中国建立了一套有效地巩固脱贫防返贫工作体系，这套体系在脱贫体制基础上根据巩固期的任务进行再部署和再设计，具体包括四方面：一是建立巩固拓展脱贫攻坚成果阶段的责任体制，压实脱贫县委和县政府的主体责任；二是完善防返贫动态监测与帮扶机制；三是在巩固拓展脱贫攻坚成果阶段稳定政策、稳定投入、稳定就业；四是发挥制度优势，凝聚各方力量。

一、坚持党建引领，压实工作责任

延续脱贫攻坚时期的做法，通过全面加强党的领导，围绕着巩固拓展脱贫攻坚成果，守住不发生规模性返贫底线，建立分工明确、各司其职、各尽其责的管理体制和责任体系。

（一）坚持党的领导

党的领导是打赢脱贫攻坚战的根本保证。党的坚强领导为脱贫攻坚提供了强大的组织执行力、社会动员力和统筹协调力，为打赢脱贫攻坚战提供了力量支持。巩固拓展脱贫攻坚成果阶段延续了脱贫攻坚时期的领导体制，坚持党对农村工作的全面领导，健全了党委统一领导、政府负责、党委农村工作部门统筹协调的农村工作领导体制，省市县乡村五级书记抓乡村振兴[①]。同时，坚持在党的领导下，组织开展巩固拓展脱贫攻坚成果以及推进乡村振兴的工作，建立健全责任落实、组织推动、社会动员、要素保障、考核评价、工作报告、监督检查等机制并抓好组织实施[②]。

（二）巩固拓展脱贫攻坚成果的责任体制

脱贫攻坚时期，中国形成了"中央统筹、省负总责、市县乡抓落实"的工作体制[③]。巩固拓展脱贫攻坚成果的责任体系，延续了脱贫攻坚时期的制度架构，并根据巩固拓展脱贫攻坚成果和乡村振兴的任务目标，做出完善与调整，注重发挥好中央和地方两个积极性，在统筹协调的基础上，做到因村因户精准帮扶，消除返贫风险，提升脱贫质量，促进脱贫地区和脱贫群众持续增收。在《乡村振兴责任制实施办法》中，对各级党政组织巩固拓展脱贫攻坚成果的责任明确如下：中央层面主要负责完善并组织实施帮扶政策；健全在脱贫时期形成的防返贫动态监测和帮扶机制，并进一步推进实施；集中力量支持乡村振兴重点帮扶县、易地搬迁安置点等重点

---

①②　中共中央办公厅　国务院办公厅：《乡村振兴责任制实施办法》，2022 - 12 - 14，https：// www. gov. cn/zhengce/2022 - 12/14/content _ 5731828. htm.

③　中共中央办公厅　国务院办公厅：《脱贫攻坚责任制实施办法》，2016 - 10 - 17，https：// www. gov. cn/xinwen/2016 - 10/17/content _ 5120354. htm.

区域；进一步做好中央的定点帮扶工作。在地方层面，主要负责进一步提升脱贫群众的日常生活保障水平；提高兜底保障；提升脱贫地区和脱贫群众的发展能力和抵御风险能力；积极推行动态监测和帮扶机制，防止发生规模性的返贫。细言之，省级党委和政府主要负责制定适应于本地情况的阶段性目标以及有针对性的政策措施；对防返贫的重点任务进行分解、推动重点项目的实施以及对各类资源进行合理配置。市级党委和政府主要负责及时分解防返贫的工作任务；指导县级党委和政府落实工作，对防返贫帮扶相关项目的实施、帮扶资金的使用、帮扶政策的落实情况、目标任务的完成情况进行监督和检查。县级党委和政府作为防返贫工作中各项帮扶政策和措施的重要执行者，主要负责整合各类资源和要素；组织落实各项帮扶政策和措施、重点任务、防返贫的重点项目等；建立防返贫帮扶相关项目库，健全项目资金信息公开制度，加强对于防返贫资金和项目的管理。乡镇党委和政府要发挥基层的作用，健全统一指挥和统筹协调机制，对脱贫群众提供精准的帮扶，抓好帮扶资金和项目的落地以及防返贫重点任务的落实工作。

（三）巩固拓展脱贫攻坚成果的考核监督机制

脱贫攻坚的过程中，充分运用属地监督、审计监督、司法监督、纪检监督、社会监督等多种监督力量，构建了与脱贫攻坚责任制相配套的覆盖省市县乡村全层级、全过程、全方位的扶贫监督体系。在巩固拓展脱贫攻坚成果阶段，除了根据现阶段的工作需要来调整各级政府的工作职责外，需要与现阶段工作相适应的考核监督机制来对各级政府的工作、项目开展以及帮扶资金使用等方面进行监督，预防和查处各级政府中的失职和腐败问题，将监测检查落实在政策把握、决策部署、工作分解等环节，为巩固拓展脱贫攻坚成果工作的有序进行提供保障。为此，制定了与巩固拓展脱贫攻坚成果时期相适应的考核监督机制。

中央针对省级党委和政府落实乡村振兴责任制以及中央部署的阶段性目标任务和年度重点工作的完成情况进行考核，督察各省巩固拓展脱贫攻坚成果以及推进乡村振兴等工作的实施状况，监督中央各部门和单位巩固拓展脱贫攻坚成果的政策落实、资金使用和项目实施等情况①。省级党委和政府负责推动完善考核监督、激励约束机制；结合本地区实际情况开展对于市县党委和政府的工作推进状况的实绩考核；各级党委和政府每年向上级党委和政府报告巩固拓展脱贫攻坚成果以及实施乡村振兴战略的状况；县级以上的地方党委和政府负责定期对下级党委和政府的巩固拓展脱贫攻坚成果以及相关工作的实施状况进行监督，及时发现和解决存在的问题，推动政策措施的落实②。在巩固拓展脱贫攻坚成果阶段的实绩考核坚持定量与定性相结合、以定量指标为主的原则，探索第三方评估、暗访抽查、群众认可度调查等方式对各地的工作开展进行评估和评价③。县级党委和政府作为巩固拓展脱贫成果的"一线指挥部"，处于国家宏观管理与微观管理的连接处，起着承上启下的作用；既是推动国家扶贫政策有效落实的执行者，又是所管辖县域扶贫工作的指挥者、决策者，这就决定了县级政府职能行使的重要性。因此，健全责任体系、工作体系和考核监督体系，压实县级党委和政府的主体责任对于巩固拓展脱贫攻坚成果，防止发生大规模返贫有着重要的作用。

二、完善防止返贫动态监测与帮扶机制

习近平总书记指出："脱贫摘帽不是终点，而是新生活、新奋斗的起点。"打赢脱贫攻坚战以后，巩固拓展脱贫攻坚成果的任务依然十分艰巨，

---

①②③ 中共中央办公厅 国务院办公厅：《乡村振兴责任制实施办法》，2022 - 12 - 14，https://www.gov.cn/zhengce/2022 - 12/14/content_5731828.htm.

需要在党的领导下进一步提升脱贫地区和脱贫群众脱贫的稳定性，提升脱贫群众的内生发展动力和抵御风险的能力，防止发生规模性的返贫。2020年，根据党中央、国务院的决策部署，中国制定并出台了《关于建立防止返贫监测和帮扶机制的指导意见》[①]，建立并实施了一套防止返贫发生的监测和帮扶机制，为如期打赢脱贫攻坚战提供了制度保障，发挥了重要作用[②]。此后，根据防返贫形势的新变化，进一步完善了动态监测和提供帮扶的工作机制[③]。做好防止返贫致贫工作，首先是要对易返贫致贫的群体进行精准识别，接着根据对其致贫返贫风险的精准研判，找到防返贫干预的重点，进而提供针对性的帮扶措施。由于返贫致贫问题具有一定的复杂性、反复性，只有建立健全动态的监测和帮扶才能准确地识别到返贫致贫户，并及时提供帮扶。具体来说，在巩固拓展脱贫攻坚成果时期，中国的防返贫监测和帮扶机制主要包括三个部分：一是确定监测对象和范围；二是进行监测的方式和程序；三是帮扶的具体措施。从对象的精准识别到提供有针对性的帮扶措施，中国形成了一套完整的工作体系。

（一）监测对象和范围

1. 明确监测与帮扶标准

防返贫动态监测与帮扶机制根据脱贫地区与脱贫群众的实际情况，划分了三种监测与帮扶标准：一是脱贫不稳定户，即已脱贫户中家庭年人均纯收入低于脱贫攻坚期国家扶贫标准的 1.5 倍（6 000 元）且有返贫风险的户，被纳入监测范围；二是边缘易致贫户，即非建档立卡农户中家庭年

---

① 国务院扶贫办：《关于建立防止返贫监测和帮扶机制的指导意见》，2020－03－26，https：//www.nrra.gov.cn/art/2020/3/26/art＿46＿185453.html.

②③ 中央农村工作领导小组：《关于健全防止返贫动态监测和帮扶机制的指导意见》，2021－01－08，https：//www.nrra.gov.cn/art/2021/8/4/art＿46＿191281.html.

人均纯收入低于脱贫攻坚期国家扶贫标准的 1.5 倍（6 000 元）且有致贫风险的户；三是突发严重困难户，即因病因灾因意外事故等刚性支出较大或收入大幅缩减导致基本生活出现严重困难户。防返贫监测与帮扶的标准并非固定不变，而是各个地区在综合各个区域物价指数变化、农村牧区居民人均可支配收入增幅和农村牧区低保标准等因素的基础上，每年调整一次。2023 年湖北省根据本地区实际情况将防止返贫监测范围的年收入标准调整至 7 600 元，较上一年度提高了 10.1%①。

2. 确定监测和帮扶的对象

防返贫监测的对象包括上面提到的"三类户"② 外，同时也重点关注突发大病重病和有长期慢性疾病的病人、残障人士、老年人口等特殊群体。防返贫监测主要是以家庭为单位进行的，监测上述群体的家庭收支情况、日常生活保障情况以及日常饮水安全等方面。监测的范围主要是在综合各个区域物价指数的变化、人均可支配收入的增长情况和农村低保标准等因素的基础上进行确定的。为了防止规模性的返贫，动态防返贫监测机制对于常见的返贫致贫问题进行了重点监测，主要包括四个方面的内容：一是实时监测各类自然灾害以及各类重大的突发公共事件对于脱贫地区和脱贫群众的影响；二是监测大宗农副产品的价格、农村劳动力的就业状况、乡村产业的经营状况、大中型易地扶贫安置区人口的就业和社区融入等情况；三是监测并解决因工作、责任、政策等帮扶因素的落实问题所引起的返贫情况；四是及时地对于区域性、规模性的返贫风险进行预警和排查。

---

① 湖北省人民政府：《湖北防返贫监测对象年收入标准升至 7 600 元》，2023 - 05 - 09，https://www.hubei.gov.cn/hbfb/bmdt/202305/t20230509_4655388.shtml.
② 即脱贫不稳定户、突发严重困难户以及边缘易致贫户。

（二）监测方式和程序①

在明确监测标准和监测对象后，动态防返贫监测和帮扶机制还对监测的方式和具体流程进行了规定，具体如下：

1. 监测的具体方式

为应对复杂、多样化的返贫致贫风险，同时能够更加及时准确地发现监测对象并快速做出响应，中国的防返贫动态监测机制采用了三种主要的监测方式，即由农户自己申报、基层干部排查、相关部门进行筛查和预警，多种监测方式互为补充，相互协同，提高监测效率和准确性，防止返贫的发生。

农户自己申报。通过加大相关政策法规的宣传力度，提高农户对于政策的知晓程度和理解程度，进而根据本地的具体情况发展便捷高效的自主申报方式。

基层干部排查。主要通过乡干部、驻村工作人员和乡村网格员等群体按时排查，建立常态化的预警机制。同时，每年至少进行一次集中的排查。

部门筛查预警。通过有关部门间相关数据的分享，发挥先进科技手段的作用，及时精确地将预警信息反馈给基层的各级各部门，再由其做进一步的核实。

2. 监测的程序

与脱贫时期相比，现阶段的监测做出了进一步的完善。在对监测对象进行确定前，农户需要对其提供情况的真实性予以承诺，并依法对其家庭资产等信息的查询工作进行授权。同时，在监测对象的确定、帮扶措施的

---

① 中央农村工作领导小组：《关于健全防止返贫动态监测和帮扶机制的指导意见》，2021-01-08，https：//www.nrra.gov.cn/art/2021/8/4/art_46_191281.html.

实施以及标记消除风险等程序进行过程中，应开展相关情况的民主评议和公开公示。

3. 风险的消除

除了对监测对象、监测程序、纳入监测的标准等内容进行规定外，还需要明确群众返贫风险消除的标准。具体来说，主要指标包括收入的情况是否恢复稳定、"两不愁三保障"及饮水安全是否得到了巩固以及返贫致贫风险是否稳定消除等。对于接受了各类帮扶措施，并已经消除了返贫致贫风险的群众，就可以被判定为"风险消除"，不再按"监测对象"的标准对其进行帮扶。同时，对于稳定性较弱、风险消除不完全的群众，特别是家庭收入状况不稳定、刚性支出较多的群众，则需要在促进家庭收入增长的方面进行持续且有针对性的帮扶，等待监测对象的风险消除后，再根据实际的情况履行相应程序。对于没有劳动能力的群众，在落实相关的保障措施之后，需要长期进行跟踪监测。

案例 2 - 1：

石柱 1353 的体系[①]

近几年来，为了加强对本地农村地区最低生活保障工作的管理，重庆市石柱土家族自治县在农村地区开展了专项治理行动，对于农村最低生活保障以及脱贫群众的基本生活保障进行动态监测，制定并实施了新的防返贫监测及对于监测发现问题的处置流程，即"1353"动态监测处置流程——每个月对所有脱贫户进行排查；要求乡镇在 3 天之内发现、解决问题；若无法解决，需在 5 天内上报县扶贫办（乡村振兴局）；上报后需在 3 天内解决问题。

[①] 重庆日报：《石柱 精准施策巩固拓展脱贫攻坚成果》，2021 - 01 - 22，https://www.cqrb.cn/content/2021 - 01/22/content _ 298674.htm.

该体系以村为基本单位，针对不同层级、类型的问题开展动态监测，由此提出相应的帮扶措施，守住不发生规模性返贫的底线。针对"三类户"，除了要保持对其动态监测不间断之外，还要通过互联网平台以及大数据等技术手段对监测的相关数据进行分析，以提升监测的精准性和完整性。同时，还要加强与相关政府部门的沟通协调，对于监测过程中出现的各类问题提出有针对性的帮扶措施，以及推动各级各类帮扶政策的进一步落实。除此之外，石柱县还通过建立主动申请、信息对比、帮扶回访等防返贫机制，实施动态的帮扶措施，帮助在短期内家庭刚性支出增加以及家庭收入突然大幅度减少从而导致基本生活出现困难的群众渡过难关，守住不返贫底线。

（三）帮扶机制

根据国家乡村振兴局的相关统计，在监测对象的各类返贫致贫风险来源中，排在前四位的依次是因病、因务工就业不稳、因残和因学，针对这四种风险来源现已形成较为系统的帮扶措施[①]。

针对因病存在返贫致贫风险的监测对象，主要采取以下帮扶措施：一是健全因病返贫致贫动态监测机制，建立农村低收入人口常态化精准健康帮扶机制；二是加大对重点帮扶地区县级医院支持力度，重点提高传染病疫情和突发公共卫生事件监测预警、应急处置和医疗救治能力；三是加强脱贫地区乡村医疗卫生服务体系达标提质建设，支持采用巡诊派驻等方式保障乡村医疗卫生服务覆盖面，确保乡村医疗卫生机构和人员"空白点"

---

① 央视网：《国家乡村振兴局：做好防止返贫监测和帮扶工作　抓住产业就业　促进农民持续增收》，2022－03－26，https：//news.cctv.com/2022/03/26/ARTIxKQTUOzzmjbD5Z3I8W7W220326.shtml.

持续实现动态清零；四是推广大病专项救治模式，巩固并逐步提高重点人群家庭医生签约服务覆盖面和服务质量①。

针对因务工就业不稳而存在返贫致贫风险的监测对象，在就业帮扶方面，一是针对中部省份通过加强组织性的劳务输出，并及时掌握本地区外出务工人口的状况，及时与务工所在地区进行信息共享；二是通过用好公益性岗位和帮扶车间吸纳劳动力的作用，统筹和维护好本地区的公益性岗位，吸纳符合条件的脱贫人口；三是加强劳务输出省份通过及时追踪返乡劳动的情况，及时提供帮扶；四是对脱贫家庭高校毕业生，制定"一人一档""一人一策"帮扶计划；五是开展"雨露计划＋"就业促进行动，帮助"雨露计划"毕业生的就业帮扶；六是落实重大工程建设、以工代赈项目优先吸纳农村劳动力的要求，组织脱贫人口、监测对象积极参与交通、水利等基础设施建设。在产业帮扶方面，一是通过提高中央财政资金用于产业帮扶的比重，重点支持助农产业发展，保障助农项目的资金落实情况；二是通过支持发展高质量庭院经济，鼓励和引导脱贫人口利用闲置土地和空间，因地制宜发展小种植、小养殖、小田园、小加工、小商贸等，多措并举增加家庭经营性收入；三是通过发展劳动密集型产业，支持脱贫地区承接劳动密集型制造业，加快发展劳动密集型服务业，促进脱贫人口、监测对象务工增收；四是通过加大消费帮扶力度，组织东部地区、中央定点帮扶单位等采购销售脱贫地区农产品；五是通过动员电商企业与脱贫地区对接，帮助扩大农产品销售规模；六是通过加强对脱贫群体的小额信贷支持，指导贷款户用好优惠利率、展期续贷等政策，减轻还款压力。

针对因残而存在返贫致贫风险的监测对象，主要通过加强对残疾人的

---

① 国务院办公厅：《关于印发"十四五"国民健康规划的通知》，2022－05－20，https：//www.gov.cn/zhengce/content/2022－05/20/content_5691424.htm.

监测，及时将符合帮扶条件的残疾人纳入监测和帮扶范围；实施精准康复服务行动、重度困难残疾人托养照护服务、重度困难残疾人家庭无障碍改造等工作，解决农村残疾人家庭的特殊困难需求①。对于没有劳动能力的农村残疾人，通过密切关注全部或者部分丧失劳动能力的低收入人口，特别是一些因病因残因意外事故等导致支出负担较重、增收压力大、返贫风险高的低保边缘群体、支出型困难群体、重病重残人员等群体的生活状况和家庭收支状况，及时纳入社会救助范围②。而对于有就业愿望、就业能力且生活能够自理的农村残疾人，主要采取以下帮扶措施：一是生产劳动帮扶，帮助农村残疾人依靠土地从事生产劳动获得收入，引导残疾人家庭发展特色产业，发展高质量庭院经济；二是实用技术培训帮扶，力争让每个农村困难残疾人家庭都能有1人免费接受培训，掌握1～2门实用技术，并扩展在云客服、电子商务、网络直播等新技术方面的培训内容；三是新业态就业帮扶，为残疾人及其家庭成员提供末端服务、云客服等工作岗位；四是产业带动帮扶，依托当地集体经济和优势产业，引导残疾人家庭参与资产收益折股量化分红；五是公益性岗位帮扶，在已开发乡村公益性岗位上，优先安排有就业意愿、有能力胜任岗位的脱贫残疾人就业；六是金融服务帮扶，落实普惠金融各项政策，为残疾人家庭成员及带动残疾人就业增收的帮扶基地、能人大户等加强金融信贷扶持③。

针对因学而存在返贫致贫风险的监测对象，主要采取以下帮扶措施：一是加强与民政、乡村振兴等部门的数据比对和信息共享，提高资助数据

---

① 国家乡村振兴局：《三部门共商强监测防返贫 巩固拓展残疾人脱贫攻坚成果》，2023－2－28，https：//nrra. gov. cn/2023/02/28/ARTIR6JEjmKAyelPZtD3sVFT230228. shtml.

② 民政部、中央农村工作领导小组办公室、财政部、国家乡村振兴局：《关于进一步做好最低生活保障等社会救助兜底保障工作的通知》，2022－11－09，https：//www. gov. cn/zhengce/zhengceku/2022－11/09/content_5725541. htm.

③ 国家乡村振兴局：《八部门印发通知加大对农村残疾人就业增收的帮扶力度》，2023－03－22，https：//nrra. gov. cn/2023/03/22/ARTIxAGP7wJYeHmrMI8MQtap230322. shtml.

质量；二是不断优化学生资助管理信息系统功能，提升精准资助水平；三是进一步完善全学段的学生资助体系，保障农村家庭经济困难学生按规定享受资助；四是进一步完善学生营养改善计划，加强资金使用管理，坚持以食堂供餐为主，提高学校食堂供餐比例和供餐能力，改善农村学生营养健康状况；五是加强与市场监管、卫健、疾控等部门的合作，确保供餐安全；六是加强农村留守儿童和困境儿童的关心关爱工作，强化控辍保学、教育资助、送教上门等工作措施，对有特殊困难的儿童优先安排在校住宿；七是加强易地扶贫搬迁学校学生的关心关爱工作，帮助其度过转换期，促进社会融入；八是加强心理健康教育，健全早期评估与干预制度，增强农村儿童承受挫折、适应环境的能力①。

在巩固拓展脱贫攻坚成果阶段，防返贫动态监测和帮扶机制在识别监测对象和提供有针对性的帮扶措施等方面发挥了重要作用，有效防止了大规模返贫的发生。2022 年，在累计识别纳入监测对象中，有 65.3% 的监测对象已经消除了返贫风险，其余的均落实了帮扶措施。结合实际情况制作了政策"明白纸"，施行"一码通"，让脱贫群众能够充分了解防返贫监测的帮扶措施。并在已有的三种监测方法的基础上，用好防止返贫监测和乡村振兴咨询等服务平台，及时核实并处理群众所反映的问题②。

三、稳定政策、稳定投入、稳定就业

进入巩固拓展脱贫攻坚成果时期，做好防返贫致贫工作，各项帮扶政

① 教育部　国家发展和改革委员会　财政部　国家乡村振兴局：《关于实现巩固拓展教育脱贫攻坚成果同乡村振兴有效衔接的意见》，2021 - 05 - 07，http：//www.moe.gov.cn/srcsite/A03/s7050/202105/t20210514_531434.html.

② 国家乡村振兴局：《推动巩固拓展脱贫攻坚成果同乡村振兴有效衔接高质量发展——访中央农办副主任，农业农村部党组成员，国家乡村振兴局党组书记、局长刘焕鑫》，2023 - 02 - 06，https：//nrra.gov.cn/2023/02/06/ARTItnnbHnDQoJxrS6WTEnYB230206.shtml.

策不能急刹车、突然撤离，需要保持总体稳定，直至脱贫地区和脱贫人口建立起可持续发展的内生动力。此外，受新冠疫情、经济增速放缓等多重因素影响，巩固现有的就业脱贫成果，提升脱贫人口就业的稳定性成为防止发生规模性返贫的重要议题。为此，中国政府制定并实施了多项举措，提高了脱贫地区和脱贫群众发展能力和抵御风险的能力。同时，对于不符合巩固成果阶段的政策也进行及时调整，出台了新法规新政策，避免对脱贫的稳定性产生影响，进而导致规模性返贫的发生。

（一）稳定政策

1. 保持帮扶政策总体稳定

坚持落实"四不摘"① 的要求，是巩固拓展脱贫攻坚成果，守住不发生规模性返贫的基础。摘帽不摘政策，就是要做到保持现有帮扶政策总体稳定。从脱贫县的具体情况看，判断贫困户脱贫的主要标准是贫困户的家庭收入水平达到了脱贫标准，基本生活有保障。为了提高脱贫地区的稳定性，防止大规模返贫的发生，还需要为脱贫地区和脱贫群众留出缓冲余地，即需要在完成脱贫任务之后继续保持现有帮扶政策的总体稳定。帮扶政策效果并不是立竿见影的，扶贫搬迁、扶贫产业的发展等各项帮扶政策发挥成效之后，提高内生发展动力和抵御风险能力也需要一定的过程。为此，需要在贫困地区和贫困人口脱贫后继续保持现有帮扶政策的总体稳定。我们看到，中国政府多次强调要进一步完善帮扶政策，保持帮扶政策总体稳定，保持脱贫地区信贷投放力度不减，继续推进脱贫地区和脱贫群众的小额信贷工作。遵循市场原则进一步提升对帮扶项目在金融方面的帮扶。进一步深化东西部帮扶协作，动员东部经济较发达地区的县市区与中西部脱贫县加强沟通并开展帮扶协作，帮扶中西部脱贫县利用劳动力的优势，积

---

① 即摘帽不摘责任、不摘政策、不摘帮扶、不摘监管。

极承接和发展东部较发达地区转移的劳动密集型产业。继续深化中央定点帮扶工作，进一步调整和完善中央单位与脱贫地区的结对帮扶关系。继续研究过渡期结束后，农村地区收入较低群众和欠发达地区常态化的帮扶措施。

2. 完善和优化帮扶政策

保持帮扶政策总体稳定不是单纯地延续脱贫时期的政策和措施，而是要根据巩固拓展脱贫成果同乡村振兴有效衔接的新任务、新形势，对中国在脱贫时期所形成和实施的帮扶政策和措施进行系统化的梳理和总结，对这些政策和措施所发挥的效果进行科学评估。并在此基础上对于脱贫时期所形成的政策措施做出进一步的分类整合和完善优化。脱贫时期形成的政策，大致可以分为三类。一是可以在巩固拓展脱贫攻坚成果的过渡期继续执行的政策。如基础设施建设、改善人居环境、设立公益性帮扶岗位、保证学龄孩童的就学、提升公共服务水平等政策和措施。二是需要整合和完善的政策。如就业扶贫车间、产业帮扶等政策和措施，需要将这些政策放在现阶段农业农村发展以及推进乡村振兴的大背景下，与中国现有的相关政策进行整合与完善，让其更好地服务于防止发生规模性返贫和推进乡村振兴当中。同时，对于基础保障和兜底性政策，以及医疗卫生领域的帮扶政策和措施，主要是通过与民政部门加强沟通与协作，增强社会保障体系的普惠性功能。三是需要在现阶段退出不再执行的政策，临时性的政策以及一些完成了使命的政策。如对在脱贫攻坚时期形成的责任体制，由于完成了历史使命，现在不再继续执行，而是进一步完善提出了乡村振兴责任制；在脱贫攻坚时期提出的资金投入办法不再执行，而是提出了在巩固拓展脱贫攻坚成果以及推进乡村振兴时期的财政资金投入机制；对于在脱贫攻坚时期形成的"万企帮万村"的帮扶机制在现阶段不再执行，提出了适应于巩固成果时期任务和目标的"万企兴万村"；对于部分贫困户的危房改造政策，由于已经完成了其历史使命，在现阶段不再执行，而是根据巩固拓展脱贫攻坚成果时期的新任务、新形势，制定了新的保障脱贫群众住房安全的措施[1]。同时，现阶段还保持了东西部协作和定点帮扶工作的延续性，进一步聚焦防返贫的关键目标任务，积极动员社会力量参与，凝聚广泛共识。对财政、金融、土地、科技、人才、驻村帮扶等脱贫攻坚期间的帮扶政策采取延续、优化等方式分类处理[2]。

以产业帮扶政策为例，在脱贫攻坚时期，中国在贫困地区发展的扶贫产业主要服务于脱贫攻坚的目标，但部分地区的部分产业存在发展质量不高、发展效果不好等问题，难以在脱贫地区形成长效的增收机制。因此，中国在巩固拓展脱贫攻坚成果时期对于脱贫地区的产业发展进行了重新规划和部署，培育壮大脱贫地区的特色产业，进一步稳定脱贫地区的特色产业，优化产业布局，完善产业体系，让脱贫基础更加稳固、成果更加显著[3]。在产业政策方面，中国在保持原有的产业帮扶政策稳定外，还根据巩固期的工作要求对现有的产业政策作出了完善。一是加强财政支持，中央财政补助资金、中央财政转移支付、东西部协作和定边帮扶资金、脱贫县财政涉农资金等各级各类资金重点支持培育和壮大欠发达地区的特色优势产业，向脱贫地区倾向，并逐年提高资金占比；二是创新金融服务，开发符合乡村一二三产业融合发展需求的信贷产品，开发特色产业险种和特色产业保险品类，充分发挥农业信贷、小额信贷等金融产品支持脱贫地区产业发展的作用，同时，保证贷款政策的总体稳定；三是完善用地政策，在巩固期专项安排脱贫县的年度新增用地计划指标，结合脱贫县特色产业发展需要，统筹安排用地规模和计划指标，提高审批效率，支

---

[1] 住房和城乡建设部　财政部　民政部　国家乡村振兴局：《关于做好农村低收入群体等重点对象住房安全保障工作的实施意见》，2021－04－14，https：//www.gov.cn/zhengce/zhengceku/2021－04/21/content_5601098.htm.

[2] 中共中央　国务院：《关于做好 2023 年全面推进乡村振兴重点工作的意见》，2023－1－2，http：//www.lswz.gov.cn/html/xinwen/2023－02/13/content_273655.shtml.

[3] 农业农村部：《关于推动脱贫地区特色产业可持续发展的指导意见》，2021－04－07，http：//www.fgs.moa.gov.cn/flfg/202104/t20210409_6365545.htm.

持脱贫地区特色产业发展；四是加强项目管理，建立脱贫地区特色产业发展项目库，支持脱贫地区谋划储备一批重点工程项目并纳入项目库，优化产业项目管理，建立健全农业农村部牵头、相关部门参与的特色产业发展项目管理机制①。同时，中国还持续推进消费帮扶工作，减免费用支持脱贫地区发展绿色、有机和地理标志产品，继续实施政府采购脱贫地区农副产品政策，组织脱贫地区生产经营主体参加展示展销和产销对接活动，支持互联网企业在脱贫地区建设电商销售网点，促进特色农产品线上线下出村进城②。

（二）稳定投入

1. 政策举措

为了实现巩固脱贫攻坚、防止规模性返贫的目标，按照党中央、国务院的决策部署，中国将"中央财政专项扶贫资金"进一步完善并更名为了"中央财政衔接推进乡村振兴补助资金"，用于支持巩固拓展脱贫攻坚成果，以及衔接乡村振兴工作③。为了提高帮扶资金的使用效率，加强帮扶资金的管理和使用，中国政府出台了《中央财政衔接推进乡村振兴补助资金管理办法》④，进一步调整中央财政帮扶资金以及各项金融支持的分配和支出范围等方面，重点支持"四类人员"⑤、重点帮扶县以及偏远地区。

资金使用方面，一是用于健全防止返贫致贫监测和帮扶机制，加强对于脱贫群众的监测预警，并对监测对象提供有针对性的预防措施和帮扶措

---

① 农业农村部：《关于推动脱贫地区特色产业可持续发展的指导意见》，2021 - 04 - 07，http：//www. fgs. moa. gov. cn/flfg/202104/t20210409 _ 6365545. htm.

② 国家乡村振兴局：《对十三届全国人大五次会议第 6443 号建议的答复》，2022 - 11 - 24，https：//nrra. gov. cn/art/2022/11/24/art _ 2202 _ 197763. html.

③ 中华人民共和国中央人民政府：《中央财政衔接推进乡村振兴补助资金管理办法》，2021 - 03 - 31，https：//www. gov. cn/zhengce/zhengceku/2021 - 03/31/content _ 5596927. htm.

④⑤ 即农村低保户、住危房的贫困户、五保户、重度残疾人。

施。二是用于"十三五"易地扶贫搬迁的后续帮扶，为搬迁群众的公共服务岗位和社区公共服务设施建设提供补助①。资金分配方面，资金的使用是综合考虑脱贫县的规模和分布，实行分类分档支持；资金在使用过程中对于国家乡村振兴重点帮扶县及新疆、西藏予以倾斜；东部地区的帮扶资金主要是用于吸纳中西部地区的脱贫人口跨地区就业；中西部地区则继续按相关规定开展统筹整合使用财政涉农资金的试点工作；在分配资金的过程中，通过统筹脱贫县与非贫困县的实际情况，推动本地区的均衡发展②。

2. 防返贫投入体系

除了加大中央财政支持巩固拓展脱贫攻坚成果与乡村振兴之外，中国还投入了其他的各类资金和要素，加大对重点帮扶地区的扶持力度，持续巩固拓展脱贫攻坚成果，衔接推进乡村振兴。

（1）金融帮扶③

在金融支持方面，中国制定了《关于金融支持巩固拓展脱贫攻坚成果全面推进乡村振兴的意见》，以确保在巩固期持续推进脱贫地区的金融服务工作，提升金融服务防返贫和乡村振兴的能力。具体来说，意见强调，在过渡期内，保持主要金融帮扶政策总体稳定。加大对脱贫人口、易返贫致贫人口和有劳动能力的低收入人口的信贷投放，支持脱贫人口就业创业，增强可持续发展的内生动力。支持脱贫地区发展乡村特色产业，鼓励扩大对脱贫地区产品和服务消费，推动产品和服务"走出去"。继续做好易地搬迁后续帮扶工作，加大对易地搬迁安置区后续发展的金融支持力度。继续做好定点帮扶工作，选优配强干部，为帮扶地区提供政策、资

---

①② 中华人民共和国中央人民政府：《中央财政衔接推进乡村振兴补助资金管理办法》，2021 - 03 - 31，https：//www.gov.cn/zhengce/zhengceku/2021 - 03/31/content_5596927.htm.

③ 财政部：《关于金融支持巩固拓展脱贫攻坚成果全面推进乡村振兴的意见》，2023 - 09 - 02，http：//tj.mof.gov.cn/zt4/jianguanshixiang/202108/t20210831_3749407.htm.

金、信息、技术、人才等支持。通过对原有的金融扶贫产品和贷款进行整合优化，以小额信贷、保险产品、资产抵押贷款、民生领域贷款、农业基础设施建设贷款、新型农业经营主体贷款等十类金融产品为重点，充分发挥信贷、债券、期货、保险等金融产品在防返贫工作的作用。同时，通过建设农村信用体系、改善农村支付服务环境等途径，持续完善农村基础金融服务，优化农村金融生态环境。同时，为推动巩固拓展脱贫攻坚成果与乡村振兴有效衔接，意见同时要求加大金融机构对重点帮扶地区的金融资源倾斜，强化对粮食等重要农产品的融资保障，健全种业发展融资支持体系，支持构建现代乡村产业体系，增加对农业农村绿色发展的资金投入，研究支持乡村建设行动的有效模式，以及做好城乡融合发展的综合金融服务。

（2）国土政策支持

在巩固拓展脱贫攻坚成果时期，中国调整完善了土地出让收入的使用范围，优先支持乡村振兴工作[1]。同时，还加大土地政策支持力度，在建设用地增减挂钩节余指标跨省域调剂使用时予以倾斜支持；新增建设用地计划指标予以倾斜支持，为重点帮扶县每年按计划分配土地，专项用于巩固拓展脱贫攻坚成果和乡村振兴用地需求；在规划审批、土地利用、耕地保护等方面予以倾斜支持[2]。

（3）人才支持

除了投入资金和土地外，中国还采取多种方式向脱贫地区输送各类人才。中国围绕乡村特色产业，按照"一县一业"模式，选派科技特派团[3]；在东西部协作和定点帮扶等工作中对脱贫地区进行人才援助，开展医疗、

---

　　① 财政部：《关于调整完善土地出让收入使用范围优先支持乡村振兴的意见》，2020 - 09 - 25，http：//www. mof. gov. cn/zhengwuxinxi/caizhengxinwen/202009/t20200924 _ 3593992. htm.

　　②③ 农业农村部：《关于支持国家乡村振兴重点帮扶县的实施意见》，2021 - 07 - 21，https：//nyncw. cq. gov. cn/ztzl _ 161/rdzt/xczx/zcwj _ 249776/guojia/202111/t20211126 _ 10042049 _ wap. html.

教育干部人才"组团式"帮扶；向脱贫村、易地扶贫搬迁安置村（社区）选派驻村第一书记和驻村工作队；动员社会组织和企业对脱贫地区进行人才支援[①]；在文化工作者选派和培养方面予以倾斜支持，动员文化产业从业人员、企业家、文化工作者、文化志愿者、开办艺术类专业的院校师生等支持艰苦边远地区和基层一线工作[②]。

（4）项目投入

中国在项目方面加大了对脱贫地区的支持力度。结合相关实施规划和年度中央预算内投资安排、地方政府专项债券项目安排等工作，在交通等项目规划编制、项目推进等方面对重点帮扶县予以倾斜支持，中央预算内投资在实施社会领域有关工程中予以倾斜支持；优先安排建设农村电网巩固提升工程；在国土绿化、生态工程、重要生态系统保护和修复重大工程建设方面予以倾斜支持；同等条件下优先规划布局能源资源开发、输电通道等重大项目；聚焦所在区域路网布局，谋划储备一批经济效益和社会效益并重的铁路项目；加大以工代赈实施力度，在农业农村基础设施建设领域积极推广以工代赈方式[③]。

总的来说，中国保持了各类资金和要素的投入力度不减。2021 年中央财政安排衔接资金共 1 560 亿元，比 2020 年增加了 100 亿元。衔接资金向重点区域和重点领域倾斜，注重统筹兼顾与突出重点相结合。2022 年，中央财政安排衔接资金 1 650 亿元，比 2021 年增加了 90 亿元；2022 年新增脱贫人口小额信贷 945 亿元，同比增长了 193 亿元；推动面向全体农户的富民贷款，新增贷款金额共 115 亿元；项目库储备项目 61 万个，储备

---

①③　农业农村部：《关于支持国家乡村振兴重点帮扶县的实施意见》，2021 - 07 - 21，https：//nyncw. cq. gov. cn/ztzl＿161/rdzt/xczx/zcwj＿249776/guojia/202111/t20211126＿10042049＿wap. html.

②　文化和旅游部：《关于推动文化产业赋能乡村振兴的意见》，2022 - 03 - 21，https：//zwgk. mct. gov. cn/zfxxgkml/cyfz/202204/t20220406＿932314. html.

项目资金规模近 10 000 亿元，纳入年度计划项目开工率达百分十百[①]；2023 年，中央财政衔接资金规模达到了 1 750 亿元，与 2022 年相比增加了 100 亿元。在产业帮扶方面，通过实施脱贫地区特色产业提升行动，2021 年，中央财政衔接资金中有 50% 用于支持产业发展；到 2022 年，中央财政衔接资金中有 53% 用于支持产业发展，主导产业特色保险覆盖率达到 70% 以上[②]。加大对于国家乡村振兴重点帮扶县的支持力度，倾斜支持中央财政衔接资金用于国家乡村振兴重点帮扶县，县均达到 2.8 亿元[③]。在金融支持方面，截至 2022 年底，160 个国家乡村振兴重点帮扶县累计发放脱贫人口小额信贷 120.8 亿元，支持脱贫户和监测户 4.8 万户通过发展产业稳定脱贫。在 160 个重点帮扶县试点探索面向一般农户、用于产业发展的"富民贷"，同时积极推动"富民贷"拓展试点范围，2022 年底贷款余额 116 亿元、支持农户 14.6 万户。与人民银行和相关金融机构建立金融支持重点基础设施项目对接机制，对包括国家乡村振兴重点帮扶县在内的脱贫地区征集融资需求项目[④]。

（三）稳定就业

1. 具体举措

2020 年的新冠疫情对全球经济造成了巨大冲击，防止返贫致贫工作面临多方面突出挑战。通过就业脱贫的建档立卡人口，存在就业中断、就业质量低的问题。为此，在党中央、国务院的决策部署下，中国于

[①] 国家乡村振兴局：《刘焕鑫：推动乡村全面振兴迈上新台阶》，2023 - 05 - 09，https://nrra.gov.cn/2023/05/09/ARTItD38PpUCQmwm524INNcL230509.shtml.

[②] 国家乡村振兴局：《应对新冠肺炎疫情影响持续巩固拓展脱贫攻坚成果的若干措施》，2022 - 06 - 02，https://nrra.gov.cn/art/2022/6/2/art_624_195378.html.

[③] 国家乡村振兴局：《数说巩固拓展脱贫攻坚成果同乡村振兴有效衔接第二年》，2023 - 02 - 22，https://nrra.gov.cn/2023/02/22/ARTIof8MbpebZCme1m4LACDv230222.shtml.

[④] 国家乡村振兴局：《关于十四届全国人大一次会议第 3245 号建议的答复》，2023 - 08 - 23，https://nrra.gov.cn/2023/08/23/ARTInxIcj7QkQ8OqNB9OFItH230823.shtml.

2022 年出台了《应对新冠肺炎疫情影响持续巩固拓展脱贫攻坚成果的若干措施》[①]，在推动跨区域劳务输出、促进脱贫人口就地就业、帮助返乡脱贫人口创业和发展产业、帮助脱贫家庭高校毕业生就业、采取以工代赈帮助脱贫人口就业方面五方面进行明确部署，努力克服疫情影响，强化就业和产业，防止发生规模性的返贫。当进入统筹疫情防控与经济发展阶段，协作脱贫劳动力尽快返岗就业成为稳定就业工作的重点。这些政策措施具体内容包括：加强以脱贫地区和脱贫人口为重点的劳动力输出、培育和树立脱贫地区劳务输出的品牌、促进劳动力就地就近实现就业、鼓励外出务工人口返乡入乡创业、提升脱贫地区在就业领域的公共服务质量、加大对于脱贫地区和脱贫群众的就业补助和就业资金倾斜支持[②]。

2. 取得成效

在巩固拓展脱贫攻坚成果阶段，中国制定了多方面的措施来帮助脱贫人口提高脱贫的稳定性，制定了组织劳务输出、促进本地就业、强化劳动技能培训和就业保障服务等多方面举措，帮助脱贫人口稳定就业，增强脱贫人口发展能力和抵御风险能力，防止返贫的发生。2021 年脱贫人口就业规模达到了 3 145 万人，比 2020 年增加了 126 万人，脱贫人口的工资性收入显著提升，在家庭总收入中的比重占 67.9%[③]；2022 年脱贫人口务工规模达到了 3 278 万人，比 2021 年增加了 133 万人，脱贫人口人均工资性收入 9 700 元，同比增长 14%，占人均纯收入的比重达 67.7%[④]。

---

① 国家乡村振兴局：《应对新冠肺炎疫情影响持续巩固拓展脱贫攻坚成果的若干措施》，2022 - 06 - 02，https：//nrra. gov. cn/art/2022/6/2/art _ 624 _ 195378. html.

② 人力资源社会保障部　国家乡村振兴局：关于加强国家乡村振兴重点帮扶县人力资源社会保障帮扶工作的意见，2021 - 12 - 08，https：//www. nrra. gov. cn/art/2021/12/8/art _ 46 _ 192936. html.

③ 人民网：《我国 2022 年确保脱贫人口就业规模高于 3 000 万人》，2022 - 01 - 19，http：// yn. people. com. cn/n2/2022/0119/c378440 - 35101681. html.

④ 国家乡村振兴局：《刘焕鑫：推动乡村全面振兴迈上新台阶》，2023 - 05 - 09，https：// nrra. gov. cn/2023/05/09/ARTItD38PpUCQmwm524INNcL230509. shtml.

案例 2 - 2：

恩施州宣恩县易地移民搬迁社区稳就业①

近年来，湖北省宣恩县立足本地的实际情况，采用因地制宜的方法来实施本地的易地搬迁工作。宣恩县以集中安置为主，并在此基础上精准对接"五个振兴"，发展了一种立足于本地实际情况的贫困地区易地搬迁方式。在就业扶贫方面，宣恩县引进了多家劳动力密集型产业；在易地搬迁社区周边建设加工厂和大棚，吸纳搬迁对象就业；通过设立公益性岗位，帮助搬迁对象参加保洁、河道管理员、保安等岗位，实现就近就业。在产业扶贫方面，宣恩县发放小额信贷，帮扶易地搬迁户创业。截至 2021 年，恩施州有劳动力的易迁户共 5 656 户，已实现至少1 人务工就业 4 682 户 6 672 人，发展茶叶、药材、养殖、林果等农业特色产业的易迁户共 3 026 户，家庭劳动力未务工就业的 974 户均已通过发展农业主导产业实现就业。享受低保政策 3 725 人，特困供养人口391 人，无劳动力的易迁人口已全部实现兜底保障。

四、发挥制度优势，凝聚广泛力量

坚持党的全面领导，凝聚全党全社会共识与力量，集中资源打赢攻坚战是中国特色反贫困道路的重要经验。进入巩固拓展脱贫攻坚成果阶段，继续深化社会扶贫，用好东西部协作、定点帮扶、社会参与和驻村工作队这"四支力量"，不仅能够汇聚资源，更有助于探索中国特色共同富裕道

---

① 中国新闻网：《湖北恩施：易地扶贫搬来幸福新生活》，2021 - 03 - 16，https：//www.hb.chinanews.com.cn/news/2021/0316/353749.html? qq-pf-to＝pcqq.c2c。

路的实现机制。

（一）东西部协作

东西部协作扶贫在人才援助、产业合作、资金援助、劳务输出等方面进一步深化，逐渐形成了具有中国特色的脱贫区域协作机制[①]。脱贫攻坚时期，东西协作积极动员东部企业到中西部投资建厂，也不断在东部地区为中西部的农产品寻找销路，东西部之间的技术、劳动力、资金等要素的流动不断加强。东部较发达地区对于中西部在教育、医疗卫生等方面的帮助，进一步完善了帮扶地区的基础设施，提高了帮扶地区的公共服务水平。"闽宁协作""沪滇协作""浙江模式"等协作模式的不断出现，推动着东西部协作机制进一步深化完善。

为了让东西部协作机制在巩固拓展脱贫攻坚成果阶段继续发挥作用，推动区域协调发展和实现共同富裕等重点工作，党中央、国务院进一步深化东西部协作工作。在结对关系方面，东西部协作由原先的"一对多、多对一"调整优化为原则上一个东部省（市）结对帮扶一个西部省（区、市）的省际长期固定结对关系。在帮扶的重心上，东西部协作加强了对国家乡村振兴重点帮扶县和易地搬迁集中安置的支持力度，由帮助脱贫转变为促进脱贫地区经济社会发展，从以给钱给物为主到以引进企业和引导产业转移为主，促进脱贫地区与发达地区密切经济交流合作[②]。巩固拓展脱贫攻坚成果时期，中国东西部协作主要包括了以下几个方面的工作。

一是加快脱贫县发展，加大产业转移和项目引进力度。协作双方通过将推动协作项目摆在更加突出位置，东部省（市）推动产业向西部转移，

[①] 半月谈：《东西部扶贫协作——中国脱贫攻坚的区域协作》，2021 - 06 - 18，http：//www. banyuetan. org/fpdxal/detail/20210618/10002000331389611624002675432338150_1. html.

[②] 国家乡村振兴局：《深化东西部协作促进乡村振兴》，2022 - 08 - 23，https：//nrra. gov. cn/ art/2022/8/23/art_624_196356. html.

促进转移企业和项目实现数量、质量双提升。西部省（区、市）则通过强化配套设施建设和协调服务，推动帮扶项目落实落地和帮扶产业转型升级。

二是促进脱贫人口持续增收，强化就业和产业帮扶。协作双方通过进一步强化就业产业作为群众增收主渠道作用，加强技能培训和劳务输转，多措并举拓宽就业渠道。与此同时，统筹用好各类帮扶资金，完善帮扶产业联农带农机制，带动脱贫群众通过产业实现增收。

三是加强乡村建设和乡村治理，推进乡村全面振兴。双方通过改善农村地区群众生活条件，帮助脱贫地区加快补上基础设施和公共服务短板弱项。加强和改进乡村治理，帮助脱贫地区健全县乡村三级治理体系功能。改善农民精神风貌，加强脱贫地区的农村精神文明建设。推进脱贫地区乡村振兴全面展开，打造一批乡村振兴示范典型，发挥示范引领作用。

四是促进可持续发展，深化干部交流和人才培养。双方以提高干部能力作为重要抓手，组织东部地区干部到西部帮助脱贫地区发展，组织西部地区干部到东部学习先进的理念和知识。推动科技特派团、教育医疗人才"组团式"帮扶在160个国家乡村振兴重点帮扶县不断取得新成效，推动产业顾问在其他脱贫县发挥更大作用。

案例 2-3：

闽宁协作新篇章①

闽宁协作，即福建省与宁夏回族自治区的对口帮扶模式。截至2020年底，福建省及其各方社会力量在宁夏累计投入了约34亿元的帮扶资金、4 000多个项目，其中2/3以上的项目被用于深度贫困地区的扶贫工作。在巩固拓展脱贫攻坚成果时期，闽宁协作继续发挥帮扶作用：

---

① 银川日报：《东西部协作"闽宁模式"续写新篇章》，2022-09-02，http：//szb.ycen.com. cn/epaper/ycrb/html/2022-09/02/content_27382.htm.

2021 年，福建省通过各种产业和就业帮扶措施、劳务输出等方式，带动了宁夏回族自治区约 4 万农村地区的人口就业，其中，有约两万是脱贫人口；同年两地签订了 49 个合作项目，制定了现阶段闽宁协作的工作规划，进一步深化和完善闽宁协作模式。26 年来，福建省累计向宁夏回族自治区派出了 12 批共 200 多名帮扶干部在宁夏各地区挂职，还派出了大量医生、各类技术人才和教师等人才援助宁夏的发展建设。福建省和宁夏回族自治区不断深化合作，开创了中国特色的区域协作新模式。

在巩固拓展脱贫攻坚成果阶段，东西部协作工作得到了扎实推进。东西部协作省份双方党政主要负责人开展了互访调研、沟通协商等活动，共同推动了资金投入、干部选派、专业技术人才交流、协议的落实。2021 年东部省份新增引导 2 193 家企业到西部省份投资、共同建设产业园区 482 个，采购和帮助销售西部的农副产品共 813 亿元，吸纳西部脱贫劳动人口就业共 926 万人，同比增长 12%，在协作地区启动实施了 917 个乡村振兴示范村建设，带动西部帮扶地区的农民通过多渠道增收，推动西部农村地区加快发展[1]；2022 年，东部省份向协作地区投入财政援助资金 231 亿元，互派干部 3 146 人、专业技术人员 2 万人[2]，引导 2 633 家企业到协作地区投资 1 354 亿元[3]。

---

[1] 国家乡村振兴局：《深化东西部协作促进乡村振兴》，2022 - 08 - 23，https：//nrra. gov. cn/art/2022/8/23/art _ 624 _ 196356. html.

[2] 国家乡村振兴局：《刘焕鑫：推动乡村全面振兴迈上新台阶》，2023 - 05 - 09，https：//nrra. gov. cn/2023/05/09/ARTItd38PpUCQmwm524INNcL230509. shtml.

[3] 国家乡村振兴局：《推动巩固拓展脱贫攻坚成果同乡村振兴有效衔接高质量发展——访中央农办副主任，农业农村部党组成员，国家乡村振兴局党组书记、局长刘焕鑫》，2023 - 02 - 06，https：//nrra. gov. cn/2023/02/06/ARTItnnbHnDQoJxrS6WTEnYB230206. shtml.

（二）定点帮扶

脱贫攻坚时期，中央单位通过科技支撑、项目引进、政策倾斜、智力支持、资金投入等方式，开展定点扶贫。截至 2020 年，中央单位帮助引进各类资金 1 066 亿元，培训基层干部、各类技术人才 369 万次，累计投入帮扶资金和物资 428 亿元。军队帮扶 4 100 个贫困村、92 万贫困群众实现脱贫[①]。

在巩固拓展脱贫攻坚成果阶段，中国继续坚持定点帮扶工作，根据现阶段的现实情况和具体工作要求，对定点帮扶的机制进行一定的优化和调整，积极动员能力突出的单位、部门和企业在定点帮扶工作中发挥更大的作用，承担更多的责任，促进定点帮扶工作提质增效，扎实推动巩固拓展脱贫攻坚成果，守住不发生规模性返贫的底线。

为此，中国围绕产业、就业、消费帮扶等领域，持续创新帮扶举措，提高帮扶实效，进一步深化完善了在巩固拓展脱贫攻坚成果阶段的中央单位定点帮扶的工作机制。具体包括如下几个方面。

一是巩固拓展脱贫攻坚成果。指导和督促定点帮扶县健全巩固拓展脱贫攻坚成果长效机制和农村低收入人口常态化帮扶机制，落实好教育、医疗、卫生、饮水等民生保障政策，优化产业就业等发展类政策，加强对脱贫群众的动态监测与帮扶，坚决守住防止规模性返贫底线。二是帮扶产业和就业。充分发挥中央单位资源优势，帮助定点帮扶县发展特色产业，壮大县域主导产业，推动农产品精深加工和品牌建设。做大做强龙头企业、农民合作社、家庭农场等新型经营主体，带动小农户对接大市场。强化劳务协作，帮助开展有组织的劳务输出。加强乡村就业帮扶车

---

① 中华人民共和国中央人民政府：《人类减贫的中国实践》白皮书，2021 - 04 - 06，https：//www.gov.cn/zhengce/2021 - 04/06/content_5597952.htm.

间和乡村公益性岗位建设，促进村集体经济增收和农村劳动力就地就近就业增收。引导高等院校、科研院所、培训机构等到定点帮扶县开展职业技能培训，促进农户稳定就业、持续增收致富。三是激发脱贫群众内生动力。坚持开发式帮扶，倡导有劳动能力的群众发展产业、参与就业、自主创业。坚持扶志与扶智，积极开展相关知识技能培训，提高脱贫群众劳动技能。四是推动乡村振兴发展。围绕乡村振兴目标任务，全面推动定点帮扶县经济社会发展。帮助引导各类人才返乡创业，发挥乡村振兴人才支撑作用。开展"定向采购"等帮扶行动，拓展销售渠道，实现消费助农兴农。

国家乡村振兴局会同中央有关单位和部门出台了 14 个方面的倾斜支持政策，选派科技特派团，开展医疗、教育干部人才"组团式"帮扶[①]。2021 年，305 家中央单位向定点帮扶县投入和引进资金共 669 亿元[②]；2022 年，305 家中央单位向 592 个定点帮扶县投入和引进帮扶资金 689 亿元[③]。同时，为了帮助脱贫地区群众实现增收，提升自身发展能力，2021—2022 年，中央单位以及各地区、各部门累计直接采购和帮助销售脱贫地区农产品和服务约 8 900 亿元，其中，市场化帮销规模占比超过 2/3[④]。

（三）社会力量的参与

在脱贫攻坚工作中，社会力量为我国扶贫事业做出了重要的贡献。截

---

① 人民日报：《推动拓展脱贫攻坚成果同乡村振兴有效衔接高质量发展——访农业农村部副部长、国家乡村振兴局局长刘焕鑫》，2023 - 07 - 04，https：//www. gov. cn/zhengce/202307/content_6889767. htm.

② 人民网：《抓紧抓好巩固拓展脱贫攻坚成果　促进脱贫群众生活更上一层楼》，2022 - 03 - 15，http：//politics. people. com. cn/n1/2022/0315/c1001 - 32374679. html.

③ 国家乡村振兴局：《深化东西部协作促进乡村振兴》，2022 - 08 - 23，https：//nrra. gov. cn/art/2022/8/23/art_624_196356. html.

④ 人民网：《消费帮扶已成为促进消费持续恢复重要举措》，2023 - 07 - 22，http：//finance. people. com. cn/n1/2023/0722/c1004 - 40041412. html.

至 2020 年，各级社会组织投入资金 1 246 亿元，实施帮扶项目 9 万多个，13 万家民营企业通过扶贫行动对 7 万多个贫困村进行了帮扶，帮扶了 1 804 万贫困人口。各类社会力量不断探索创新，在消费扶贫、网络扶贫、健康扶贫、电商扶贫、教育扶贫等方面提供有力支持[①]。

完成脱贫攻坚任务后，为继续动员民营企业助力巩固拓展脱贫攻坚成果以及防止发生规模性返贫工作，国家乡村振兴局与中华全国工商业联合会联合开展了"万企兴万村"行动[②]，倾斜支持国家乡村振兴重点帮扶县专项工作，具体措施如下：一是开展产业帮扶，通过组织民营企业深入挖掘重点帮扶县各类资源的价值和功能，优化乡村生产要素资源配置，通过对农副产品的精深加工，发展仓储物流，延长产业链，提高附加值；二是开展就业帮扶，通过在重点帮扶县建立生产基地，开设帮扶车间，吸纳脱贫群众就地就近就业，加强对脱贫人口的就业技能培训，帮助脱贫县因地制宜地开发公益性岗位；三是开展消费帮扶，通过开展消费帮扶、产销对接等活动，推销重点帮扶县农产品，搭建销售平台，拓宽销售渠道，提升特色农产品知名度和影响力，助力乡村产业发展[③]。

中国积极组织广大的社会组织参与到巩固拓展脱贫攻坚成果工作之中。民政部与国家乡村振兴局根据巩固成果时期的工作目标，对原有的社会组织帮扶机制进行了完善，提出了适用于现阶段工作目标的社会组织帮扶机制[④]，让社会组织在防返贫以及实现脱贫与乡村振兴有效衔接的工作中充分发挥作用，具体部署如下：一是开展社会组织帮扶专项行动。通过开展国家乡村振兴重点帮扶县结对帮扶行动、社会组织乡村行活动

---

① 农民日报：《积极动员社会力量参与乡村振兴》，2021 - 12 - 17，https：//baijiahao. baidu. com/s?id=1719342223695623058.

② 国家乡村振兴局 中华全国工商业联合会：《"万企兴万村"行动倾斜支持国家乡村振兴重点帮扶县专项工作方案》，2021 - 12 - 14，https：//www. nrra. gov. cn/art/2021/12/14/art _ 50 _ 193006. html.

③④ 民政部、国家乡村振兴局：《关于动员引导社会组织参与乡村振兴工作的通知》，2022 - 02 - 15，https：//www. gov. cn/zhengce/zhengceku/2022 - 03/01/content _ 5676306. htm.

等专项行动，形成了社会组织参与帮扶的共同意愿与行动；二是建设社会组织参与帮扶的对接平台，并及时发布本省和帮扶地区乡村振兴规划、政策、项目等信息，通过定期组织项目对接会、公益博览会、现场考察调研、慈善展览会等多种形式，促成社会组织乡村振兴资源供给与帮扶地区需求精准、有效对接；三是推动社会组织参与乡村振兴项目库建设，建成了便于社会组织参与、聚焦困难群众关切的需求项目库，并推动资源、项目、人才向基层倾斜、向欠发达地区倾斜、向困难群众倾斜；四是完善社会组织参与帮扶合作机制，进一步组织全国性社会组织、省级社会组织集中支持乡村振兴重点帮扶县，搭建东西部协作交流平台，支持具有较大辐射力和影响力的东部地区社会组织参与定点帮扶、对口支援；五是优化社会组织参与乡村振兴支持体系，通过推动"五社联动"，创新社会组织与社区、社会工作者、社区志愿者、社会慈善资源联动机制。

民营企业、社会组织等社会力量也广泛参与到了巩固拓展脱贫攻坚成果以及与乡村振兴有效衔接的工作当中。在"万企兴万村"行动中，农业发展银行作为中国唯一的农业政策性银行，2022年累计投放贷款和基金2.9万亿元，资产规模达到9万亿元，贷款余额达7.8万亿元；到2023年，共服务参与行动的企业2 600家，贷款余额2 700亿元，支持省、市级示范项目256个，为巩固拓展脱贫攻坚成果、推进乡村振兴作出积极贡献[1]。2021年以来，全国各省（市）积极动员本省（市）的民营企业参与"万企兴万村"行动，如上海市民营企业共668家参与行动，投资总额近50万亿元，捐款捐物2亿元[2]；重庆市5 836家民营企业参加行动，帮扶

---

[1] 中国全国工商业联合会：《全国"万企兴万村"行动领导小组召开第二次全体会议》，2023 - 03 - 28，http：//www.acfic.org.cn/qlyw/202303/t20230328_189653.html.

[2] 搜狐网：《上海668家民营企业参与"万企兴万村"行动，投资总额近55.4亿元》，2023 - 07 - 24，https：//www.sohu.com/a/705853278_121332532.

2 319 个村，新增投资 44 亿元，消费帮扶资金超 5 亿元[①]；四川省已推动 11 373 家民营企业、258 家商会参与行动，与 8 310 个村结对，实施项目 13 388 个，到位资金 712 亿元，消费帮扶资金近 28 亿元[②]；广东省 2022 年共发动 2 207 家民营企业参与"万企兴万村"行动，投入 18 亿元[③]。

除民营企业外，各省（市）积极引导本地社会组织参与巩固拓展脱贫攻坚成果同乡村振兴有效衔接的工作。2021 年，江苏省社会组织累计投入资金 10 亿元，推进项目 7 600 个，走访慰问困难群众 17 万户；福建省社会组织累计投入资金 10 亿元，推进项目 4 981 个；山东省 7 055 家社会组织参与巩固拓展脱贫攻坚成果的工作，投入 3 亿元资金和物资；505 家社会组织参与东西部协作和对口支援西藏、新疆和青海，投入 8 500 万元资金和物资，投入人员近 11 万人[④]。

（四）驻村工作队

下派干部驻村帮扶，是党的群众工作优良传统。在脱贫攻坚的 8 年里，中国政府累计向脱贫地区派驻了 300 多万名驻村干部和第一书记，以及 25 万支驻村工作队。截至 2020 年，第一书记的数量从 5 万多增加到 23 万多，驻村工作队员从 31 万增加到 88 万，驻村帮扶工作队也从 9 万多支增加到 25 万多支，不仅覆盖了所有贫困村，也覆盖了部分发展水平较低、村级组织较弱的村庄[⑤]。打赢脱贫攻坚战后，中国对现有的驻村工作机

①② 人民网：《"万企兴万村"行动见实效　打造乡村振兴"聚宝盆"》，2022 - 09 - 28，http：//cq. people. com. cn/n2/2022/0928/c367647 - 40143787. html.

③ 中华全国工商业联合会：《广东：民企融入"万企兴万村"的新实践》，2023 - 05 - 23，http：//www. acfic. org. cn/gdgslgz/gd/bjgslgz/202305/t20230523 _ 191525. html.

④ 黄晓勇，徐明，郭磊，吴丽丽. 社会组织蓝皮书：中国社会组织报告（2022）［M］. 北京：社会科学文献出版社，2022.

⑤ 半月谈：《驻村帮扶——精准扶贫的最后一公里》，2021 - 08 - 06，http：//www. banyuetan. org/fpdxal/detail/20210531/1000200033138961622445322442041535 _ 1. html.

制进行深化和完善，让其服务于巩固拓展脱贫攻坚成果的工作中。一是派驻村类别变多，在向脱贫村派驻工作队的基础上，增加了向易地搬迁社区（村）、乡村振兴任务较重的村派驻工作队。二是驻村任务更加繁重，驻村工作队的主要任务是强村富民，既要巩固拓展脱贫攻坚成果，也要推进乡村振兴。三是人员派出单位更加明确，派出单位与驻村第一书记和工作队所在村实现责任捆绑。四是人员选择更加严格，派驻人员需要经过农办、农业农村部门等相关单位备案，并由派出单位党委研究决定。

在工作制度衔接方面，脱贫攻坚时期为了建立和规范驻村帮扶工作，中国制定并实施了《建立精准扶贫工作机制实施方案》[①]，对脱贫时期的驻村工作任务进行了精准部署，并向每个贫困村派驻村帮扶队。到了巩固拓展脱贫攻坚成果时期，继续选派好驻村帮扶干部，做好驻村帮扶工作，延续脱贫攻坚时期工作机制和工作方法，推动巩固拓展衔接各项政策目标落实落地，进一步增进党同人民群众的血肉联系，巩固党的执政根基。为此，中国在 2021 年印发了《关于向重点乡村持续选派驻村第一书记和工作队的意见》[②]。在人员选派方面，第一书记和工作队员主要从各级政府机关、国有企业和事业单位的优秀人员和以往因年龄原因从领导岗位上调整下来、尚未退休的干部中选派。选派按照个人报名和组织推荐相结合的办法，县级党委和政府考虑不同类型村的需要，对人选进行科学搭配、优化组合，发挥选派力量的最大效能。在工作职责方面，驻村第一书记和工作队主要职责包括以下几点：一是推进强村富民，推动巩固拓展脱贫攻坚成果，加强常态化监测和精准帮扶、促进脱贫人口稳定就业，加快发展乡

---

① 国家乡村振兴局：《建立精准扶贫工作机制实施方案》，2014 - 05 - 12，https：//www.nrra. gov. cn/art/2014/5/12/art _ 343 _ 461. html.

② 中共中央办公厅：《关于向重点乡村持续选派驻村第一书记和工作队的意见》，2021 - 05 - 11，https：//www. gov. cn/zhengce/2021 - 05/11/content _ 5605841. htm.

村产业、加强帮扶项目资产管理，同时，加强易地搬迁集中安置社区的监测帮扶，增加搬迁群众的收入，保障搬迁群众的权益。二是实施乡村建设行动，推动乡村治理工作，加强基层党组织建设，落实党的惠民政策，加强对困难人群的关爱服务，推动各类资源向基层下沉。

驻村工作队在推动帮扶地区经济发展、促进社会稳定以及守住不发生规模性返贫底线等工作中发挥了重要作用。2021年，包括18.6万名第一书记在内的56.3万名驻村干部全部完成轮换[①]，3.5万个易地搬迁集中安置点（社区）实现驻村第一书记和工作队的全覆盖。到2023年，共有18.6万名驻村第一书记、56.3万名工作队员奋斗在帮扶一线，推动帮扶地区巩固拓展脱贫攻坚成果、产业发展、乡村治理、乡村建设等各项工作[②]。

案例2-4：

广西凌云县用好驻村工作队助推教育振兴[③]

凌云县秉持"智志双扶"教育理念，用好驻村工作队，创新开展多项活动，助推乡村教育振兴。凌云县充分发挥第一书记平台优势，创新开展"第一书记进校园"活动，组织第一书记在全县60多个中小学校分享求学经历、驻村感想、家乡变化等特色课程，为推动全县教育发展积极贡献第一书记智慧和力量。截至2023年，全县共开展活动173场次，参与学生达2.1万人次。山区群众常年奔波于生计，接触信息资源有限，对于子女读书教育无暇顾及。凌云县号召各支驻村工作队利用晚

① 人民网：《抓紧抓好巩固拓展脱贫攻坚成果　促进脱贫群众生活更上一层楼》，2022-03-15，http://politics.people.com.cn/n1/2022/0315/c1001-32374679.html。

② 国家乡村振兴局：《数说巩固拓展脱贫攻坚成果同乡村振兴有效衔接第二年》，2023-02-22，https://nrra.gov.cn/2023/02/22/ARTIof8MbpebZCme1m4L4CDv230222.shtml。

③ 中国新闻网：《广西凌云县用好驻村工作队助推教育振兴》，2023-07-17，http://www.gx.chinanews.com.cn/gxgd/2023-07-17/detail-ihcrenwx0589854.shtml。

上群众空闲时间入户，开展"第一书记夜话"活动，倾听群众的急难愁盼，畅聊乡村发展。截至 2023 年，全县共开展"第一书记夜话"活动 400 余场次，参与群众 9 600 余人次，解决群众问题 880 余项。凌云县充分发挥自治区派驻凌云驻村工作队队长和驻村第一书记桥梁纽带作用，积极协调更多优质教育资源向乡村倾斜，充分用好高校和有关慈善机构，组织大学生到凌云县开展志愿支教活动。近两年，该县共引进大学生支教教师 96 人，涵盖 6 个学科，有效缓解了乡村中小学师资紧缺压力。

◎ 第三章　巩固拓展脱贫攻坚成果的实践与案例

持续增强脱贫地区和脱贫群众的内生发展动力具有重要意义，是巩固拓展脱贫攻坚成果的有效方式，也是实现乡村振兴的必然要求。首先，长期以来，脱贫地区经济基础薄弱，产业结构简单，公共服务相对匮乏，整体发展水平相对滞后[①]。过渡期内，必须增强脱贫地区和脱贫群众内生发展动力，推动脱贫地区经济发展，实现脱贫群众持续增收，把脱贫地区高质量发展摆在突出位置。其次，中国式现代化强调全体人民共享发展成果、实现共同富裕。中国社会经济发展面临着发展不平衡、不充分的问题，尤其是区域发展差距和收入差距依然较大[②]，持续增强内生发展动力，持续巩固拓展脱贫攻坚成果，已成为新阶段推动实现乡村振兴实现共同富裕和的重要目标任务。最后，中国共产党坚持在发展中保障和改善民生，将人民满意程度作为脱贫攻坚胜利与否的衡量标准，打赢脱贫攻坚战，完成了第一个百年奋斗目标。近年来，巩固拓展脱贫攻坚成果遇到一些新情况和新问题，部分脱贫群众面临着返贫的风险。若要实现平稳过渡，就要在增强脱贫地区和脱贫群众内生发展动力方面下功夫，衔接好脱贫地区和脱贫群众的帮扶政策，注重激发脱贫群众依靠自身力量发展的志气、心气、底气，推动实现脱贫群众增收的

---

① 国新网：《〈人类减贫的中国实践〉白皮书（全文）》，2021 - 04 - 06，http：//www.scio.gov.cn/zfbps/ndhf/44691/Document/1701664/1701664.htm.

② 郭晓鸣、廖海亚：《建立脱贫攻坚与乡村振兴的衔接机制》，《经济日报》，2020 - 06 - 05（11）.

常态化和长效化①。

针对脱贫地区和脱贫群众内生发展动力薄弱的问题，采取了一揽子政策和举措。中共中央、国务院印发《关于做好 2023 年全面推进乡村振兴重点工作的意见》，将"增强脱贫地区和脱贫群众内生发展动力"作为巩固拓展脱贫攻坚成果的重要内容，提出要将增加脱贫群众收入作为根本要求，把促进脱贫县加快发展作为主攻方向，还明确了要提升产业发展比重、鼓励脱贫地区有条件的农户发展庭院经济、管好用好扶贫资产等部署②。为了贯彻党中央决策部署，相关部委纷纷出台政策，多举措增强脱贫地区和脱贫群众内生发展动力，提出在当前和今后一个时期，要把增强脱贫地区和脱贫群众内生发展动力作为巩固拓展脱贫攻坚成果工作的重中之重来抓，着力激发脱贫地区和脱贫群众依靠自身力量发展的志气心气底气。从实践路径来说，增强内生发展动力的重点是要在保持帮扶政策总体稳定的同时，着力提升产业发展质量和就业质量、提升脱贫群众技能素质、发展新型农村集体经济、壮大县域经济五个方面发力。

一、坚定抓好产业和就业

培育提升产业是增强脱贫地区和脱贫群众内生发展动力的重要支撑，依托农业农村特色资源，做好"土特产"文章，提升脱贫地区产业发展质量。另一方面，积极扩大就业是脱贫地区和脱贫群众内生发展动力的现实途径，就业是民生之本，是改善群众生活的基本前提和基本途径，不断拓展就业渠道和岗位，提升就业质量对巩固拓展脱贫攻坚成果至关重要。通过产业带动就业、就业促进产业的方式，有助于增强地区脱贫的可持续性

①②　新华社：《中共中央、国务院关于实现巩固拓展脱贫攻坚成果同乡村振兴有效衔接的意见》，2021 - 03 - 22，https：//whttps：//www.gov.cn/zhengce/2021 - 03/22/content_5594969.htm.

和经济自主发展能力，实现巩固拓展脱贫攻坚成果同乡村振兴有效衔接。

（一）产业和就业是稳定脱贫和持续增收之本

党的十九大报告中提出了实施乡村振兴战略的总要求，即"产业兴旺、生态宜居、乡风文明、治理有效、生活富裕"，其中"产业兴旺"位居其首，是乡村振兴的重中之重，也是实际工作的切入点。而乡村产业是根植于乡村，以农业农村资源为依托，以农民为主体，以一二三产业融合发展为路径，地域特色鲜明、承载乡村价值、创新创业活跃、利益联结紧密的产业体系①。实践证明，没有产业的乡村，农村增收路子不宽，留不住人才，文化活动很难开展起来。只有培育提升产业，提高脱贫地区农业产业高质量，脱贫群众才能有好的就业、更高的收入，脱贫地区才有生机和活力，乡村振兴才有强大的物质基础。

就业是巩固拓展脱贫攻坚成果的基本措施，要推动各类资源、帮扶措施向扩大就业聚焦聚力。只有通过就业，脱贫地区人力资本才能转化为经济收入，广大脱贫群众才有更稳定、更直接、更持续的收益来源。换言之，只要稳定了就业，就稳定了家庭收入的主要来源，巩固拓展脱贫攻坚成果就有了坚实支撑。

（二）如何推动脱贫地区农业产业高质量发展？

为了进一步推动农业产业高质量发展，2020 年 7 月，农业农村部印发《全国乡村产业发展规划（2020—2025 年）》，从构建全产业链、推进聚集发展、培育知名品牌这三个方面拓展乡村产业的发展。2023 年 1 月，中共中央、国务院印发《关于做好 2023 年全面推进乡村振兴重点工作的

---

① 中国人大网.《国务院关于乡村产业发展情况的报告》，2019 - 04 - 11，http：//www.npc.gov.cn/npc/c30834/201904/1e30cb31a2a242cdb82586c5510f756d.shtml.

意见》，提出要聚焦产业就业，不断缩小收入差距和发展差距。

1. 做好"土特产"文章，提升脱贫地区产业发展质量

所谓"土特产"文章，"土"指的是基于一方水土，开发利用好乡土资源，"特"指的是壮大特色优势产业，"产"指的延长产业链，打造供应链，提升价值链，促进一二三产业融合发展，形成产业集群。立足特色优势，做好"土特产"文章，重点和难点是通过"强龙头、补链条、兴业态、树品牌"的产业发展思路，将脱贫地区的资源优势转化为产业优势，助推传统产业升级迭代，探索"可造血""可持续"的长效产业扶贫模式。首先，立足脱贫地区资源禀赋和区位特点，积极培育适合本地资源转化的特色产业基地，形成具有联动效应的产业带，打造一批强势特色品牌，促进脱贫地区资源向优势产业靠拢。其次，积极引进深加工企业，不断丰富深加工产品，推动产业向上下游延伸，构建集生产、加工、销售和品牌建设为一体的完整链条，畅通贸易链，提升价值链，汇集信息链，促进农业"接上第二产业，连上第三产业"。再次，培育乡村特色知名品牌，建构"公司＋农户＋政府＋科研院所"的产业发展模式，指导脱贫地区通过建设粮食生产功能区、重要农产品生产保护区和特色农产品优势区，培育一批"大而优""小而美"等有影响力的产业品牌，支持脱贫地区开展绿色、有机、地理标志农产品认证，积极推行食用农产品达标合格证制度。

案例 3 - 1：

信阳预制菜：温度与生活的力量①

信阳作为河南重要食材原产地，拥有丰富多样的小气候农产品，但一直停留在传统发展阶段。2016 年以来，信阳市政府加强党建引领，成

---

① 课题组根据调研情况整理。

立了高规格的信阳菜推广工作领导小组，着力引进一批龙头企业和产业链关键节点项目，构建"预制菜龙头企业"集聚区，全力打造预制食品全产业链体系。新冠疫情期间，餐饮消费场景受限，"宅家经济"迅猛增长，也就在此时，预制菜宛如春风一夜吹遍大江南北，为不景气的餐饮业带来了希望。

2022年，信阳出台了《加快信阳菜产业高质量发展的实施意见》，对信阳菜产业发展进行了系统安排部署，已形成集特色道地食材、预制菜企业、信阳菜餐馆于一体化的产业链条。公开资料显示，2022年信阳市餐饮业总额回升至165.7亿元，占全市生产总值的5%，2023年，全市餐饮业全面恢复，直接或间接带动全产业链千亿规模。

可以说，预制菜不仅是一道菜，更是一场土特产发展的变革，一场三产融合的农业创新，一场从家庭手工作坊到现代餐食大工业的厨房变革。过去，土特产多停留在最开始的"产"，创新不多。以烤鱼、酸菜鱼为例，鲜活罗非鱼3~5元1斤①，加工成烤鱼、酸菜鱼之后，可达到40~50元，利润空间大大提高。从农民到市民，从企业到政府，从粮食安全到推进乡村振兴，土特产和预制菜结合的重大意义，将在高质量发展中不断显现。

2. 发展庭院经济，增强产业辐射作用

庭院经济，是以农民及其周围为基地、家庭为单位进行小规模生产经营，为自家和社会提供农业土特产品和有关服务的经济形式。在巩固拓展脱贫攻坚成果时期，发展好庭院经济具有多层面的意义：一是丰富农业产业实现形式，以农户经营为基础，以现代化经营体系和方式为依托，将农户经营灵活分散、精耕细作优势与现代农业产业规模化、品牌化优势相结

---

① 斤为非法定计量单位，1斤＝0.5千克。

合。二是应对新冠疫情影响，存在大量返乡经营的现实需求，庭院经济可增强农业产业对劳动力的吸纳能力，稳定脱贫家庭经济收入，防止返贫。三是进一步挖掘乡村产业发展潜力，通过产业延伸到农户经营形式，将特色产品、特色资源转化为商品。为此，中共中央、国务院印发《关于做好2023年全面推进乡村振兴重点工作的意见》，鼓励脱贫地区有条件的农户发展庭院经济。同年，"庭院经济"首次被写入中央1号文件。

目前，不少地区已经推出当地庭院经济建设方案，并将其作为乡村振兴的重要抓手。要将好的政策思路转变为实实在在的发展，还需要解决好以下几个关键问题。

首先，做好规划。发展庭院经济重点是将农户经营的传统和优势与现代农业产业经营适度规模优势相结合，具体来说，一是产业发展规划，即选准产业，在"广"度上，庭院经济和休闲农业、乡村旅游等产业横向联合，形成协同效应；在"深"度上，庭院经济向深加工方向挖掘，不断提升产品附加值。二是庭院建设规划，即庭院空间布局兼具科学性和实用性，结合地方文化特色就地取材，对房前屋后和院落空间进行设计，保持传统风貌和乡土气息，符合农户生产和生活需要，合理布局功能空间，形成有本土特色的景观①。三是发展模式规划，发展"庭院＋种植养殖""庭院＋电商""庭院＋产旅融合"等模式，注重特色化、差异化发展，发展庭院特色种养、特色加工、特色文化旅游、特色生产生活服务，谋划传统手工业、水果种植、肉牛养殖、民宿旅游等多类产业发展项目，推动形成一村一业或多业的庭院经济发展格局。

其二，做好技术支持。充分发挥市、县、乡三级农业技术部门专家的助农作用，定期组织专家深入村内现场开展养殖技术培训指导。在村内挑选一批具有种植养殖经验和技术的村民，优先安排参加农业技术专题培训。充分发挥农业科技示范户的"邻里效应"，常态化来指导周围村民开

---

① 国家市场监督管理总局. 乡村美丽庭院建设指南［R］. 2024.

展科学种植和养殖。建立农业专家和农业科技示范户"一对一"联系指导制度，通过网络远程技术指导方式，点对点指导农业科技示范户和村民。

其三，坚持示范引领。坚持"群众公认、产业明晰、陈设舒适、庭院优美"标准，组织评选一批人居环境治理成效和经济效益明显，具有较强示范带动作用、可持续发展优势的庭院经济带头户，表彰命名为"美丽庭院示范户"，并适当给予奖励。总结和提炼"美丽庭院示范户"成功经验，为其他农户发展庭院经济提供可借鉴、可复制的推广模式。充分发挥"美丽庭院示范户"帮扶指导作用，不断壮大庭院经济规模，成为巩固拓展脱贫攻坚成果重要经济支柱。

案例 3 - 2：

宜昌"庭院经济"：从"方寸地"到"聚宝盆"①

庭院经济是改善乡村环境面貌，实现高质量发展的重要途径。湖北省宜昌市围绕共同缔造理念，以农户为基本单元，以院落为经营场所，促进庭院资源向经济资源转化，培育农村经济新的增长点，逐步实现"小庭院"与"大市场"的有效对接，让农民房前屋后普普通通的"方寸地"，变成了持续带动农民增收的"聚宝盆"。

回顾宜昌庭院经济的发展历程，主要具有三个方面的特点：首先，制定产业发展规划、庭院建设规划和发展模式规划，在全市 10 个县市区选定 146 个村 3 470 家农户作为试点，坚持典型引路、示范带动，为全市整体推进农村庭院经济发展进行探索实践。其二，做好技术支持，创新发展模式，主要围绕"五个特色"发展内容，累计在试点村谋划传统手工业、柑橘种植、盆景种植、肉牛养殖、民宿旅游等 20 多类产业

① 湖北日报：《宜昌"庭院经济"激活乡村振兴新动能》，2023 - 05 - 09，https：//news. hubeidaily. net/mobile/1278100. html.

发展项目。其三，夯实保障支撑，先后依托庭院经济特色产业发展创建美丽乡村示范村 302 个、"美丽庭院" 601 户。大力推进乡村水、电、路、网等基础设施建设升级，全面开展住房安全大排查，帮助 8.3 万户农村群众改造住房，提升居住品质，让 1.8 万户农村群众免费搬进"新家"，为发展庭院经济奠定坚实基础。

3. 强化要素支撑，完善产业发展支撑体系

持续壮大农业产业、提升产业发展的质量，是巩固产业扶贫成果，推动乡村全面振兴的重要内容。农业产业发展需要强化要素支撑，引导要素下乡，完善产业发展支撑体系，强化农业农村基础设施建设，依托资源优势和产业发展基础，引导技术、资金、信息和人才向脱贫地区聚集，发展"一县一业""一村一品"，培育壮大主导产业，帮助其建立起适应市场环境的机制，实现可持续发展。

在加强脱贫地区农业基本公共服务供给和产业设施支持方面，各地加强农业技术指导，保证农产品的产量和质量。政府建构配套的产业发展技术保障机制，在区、乡镇、村三级建立由区产业管理总站、区产业公司、技术员等主体共同参与的技术服务体系，对于较难掌握的技术和生产环节，由专业人员集中提供技术服务。通过在村庄建设冷库，保证农产品的新鲜程度，延长农产品的保质期和销售期，提高农产品的竞争力。通过加强农村物流网络体系建设，保证农村电商平台能够快速便捷地为市场供应农产品，在降低物流成本的同时提高农户的生产性收入。此外，继续加强脱贫地区的基础设施建设，如村组道路、水利设施等，以保证农产品能够快速运输到市场，降低运输成本和运输损耗，提高农民收入。

（三）如何促进脱贫劳动力稳定就业？

就业帮扶不是一劳永逸的，而是涉及不断拓展就业岗位，稳定就业关系，提升就业质量等多个方面的内容。为此，2021 年 5 月，人社部、国家乡村振兴局等五部门印发《关于切实加强就业帮扶巩固拓展脱贫攻坚成果助力乡村振兴的指导意见》，对稳定外出务工规模、支持就地就近就业和健全就业帮扶长效机制等工作进行部署。2022 年 7 月，中国人力资源社会保障部办公厅印发《关于开展人力资源服务机构稳就业促就业行动的通知》，进一步对促进农民工外出务工和就近就业进行了部署。

1. 稳定外出务工规模

一是健全劳务输出工作机制，优先将脱贫人口作为保障对象，为集中外出务工脱贫群众提供便利出行服务，发挥就业帮扶基地作用，鼓励各类市场主体为脱贫人口提供更多就业和培训机会。二是促进稳定就业，引导用工企业与脱贫群众依法签订和履行劳务合同，健全常态化驻企联络协调机制；为失业脱贫人口优先提供转岗服务，帮助实现再就业。三是强化劳务协作，搭建并完善用工信息对接平台，输出地要形成本地区就业需求清单，输入地要形成本地区岗位供给清单，建立跨区域岗位信息共享和发布机制，发挥对口帮扶机制作用。四是结合各地资源和文化等优势，培育具有地域特色的劳务品牌，利用品牌效应来扩大劳务输出规模，提高劳务输出的质量，实现脱贫人口更加稳定地就业。

2. 支持脱贫群众就地就近就业

一是支持促进就地就近就业，推动脱贫地区依托产业发展增加就业岗位，充分利用脱贫地区特色优势资源，持续发展具有良好效益的就业帮扶车间、社区工厂等社区经济体，为脱贫地区创造更多就业机会和就业市场。二是加强建设返乡创业载体，为有能力和潜力的脱贫人口提供自主创业支持，鼓励乡村能人就地就近创业，带动当地产业发展。三是通过税费减免、场地支持和社会保险补贴等措施，设立一批劳务市场或零工市场，支持脱贫人口的灵活就业，也鼓励脱贫地区发展"小店经济"和从事个体经营。四是健全"按需设岗、以岗聘任、在岗领补、有序退岗"管理机制，用好乡村公益性岗位[①]，在保持规模总体稳定的基础上，加大各类岗位统筹使用力度，优先安置符合条件的脱贫人口。

3. 健全就业帮扶长效机制

一是优化提升就业服务，依托大数据平台对脱贫群众和重点人群的就业务工状态进行动态监测，完善预警机制，对就业转失业的群众及时提供职业培训和资源链接等服务。二是实施脱贫地区劳动力职业技能提升工程，支持脱贫地区、乡村振兴重点帮扶县建设一批培训基地和技工院校，继续实施和推进"雨露计划"，支持脱贫地区的"两后生"[②] 就读技工院校。三是倾斜支持重点地区，重点支持乡村振兴重点帮扶县和易地扶贫搬迁安置区，积极引进适合当地群众就业需求的劳动密集型、生态友好型项目或企业，扩大当地就业机会。总而言之，通过以上措施的实施，提高脱贫地区就业服务的覆盖范围和质量，帮助更多的脱贫人口和农村低收入人口实现就业增收，推动乡村可持续发展。

案例 3 - 3：

铜川就业帮扶工作多措并举，打出系列"组合拳"[③]

2021 年以来，陕西省铜川市紧盯"兜底线""稳就业""扩就业"三大方向，认真落实就业优先战略和积极就业政策，做实做细稳就业保

---

① 依据《中华人民共和国就业促进法》第五十二条、五十三条：公益性岗位是一种就业援助形式。公益性岗位主要包括满足公共利益和就业困难人员需要的非营利性基层公共服务类、公共管理类岗位等。

② 注："两后生"指的是初、高中毕业未能继续升学的贫困家庭中的富余劳动力。

③ 铜川新闻网：《铜川："就业帮扶"工作扎实推进 巩固脱贫攻坚成果同乡村振兴有效衔接》，2022 - 05 - 23，https://www.tcrbs.com/2022/0523/94367.html.

就业工作，全市城镇新增就业 10 350 人。在就业帮扶工作中，铜川积累了丰富的经验，首先，铜川市人社局会同市乡村振兴局印发《关于扎实做好脱贫人口稳岗就业工作的通知》等文件，重点对"三类人员"中的劳动力（275 户 464 人）进行跟踪监测，严格落实交通补贴（940 人 47 万元）、职介补贴（3 905 人 195 万元），社区工厂（750 万元）等 24 项就业补贴，兑现补贴资金 1.59 亿元，政策快速跟进，快速享受。其次，搭建就业平台，对有就业意愿的脱贫人口通过招聘会、推送用工信息等措施促进其外出务工，对无法外出、无业可就、有返贫致贫风险的脱贫人口优先安置公益性岗位保障就业。最后，强化"归雁行动"，通过政策扶持、创业贷款支持等措施，吸引、扶持各类外出务工人员返乡创业就业，铜川市人社局进一步降低创业贷款门槛，推出了"政府＋银行＋担保公司"的贷款新模式，解决农村创业者找不到担保人的问题。总的来说，铜川就业帮扶工作多措并举，打出系列"组合拳"。

二、提升脱贫群众发展能力

持续提升脱贫群众发展能力，重点围绕脱贫群众的人力资本建设展开工作，特别是技能和人才，提升脱贫群众的技能素质，培养各种乡土发展专业人才，并将脱贫群众的专业能力发展与个体发展愿望有机结合，增强脱贫地区和脱贫群众内生发展动力，实现稳定脱贫和持续增收。

（一）提升脱贫群众发展能力具有重要意义

党的二十大报告明确提出，要巩固拓展脱贫攻坚成果，增强脱贫地区和脱贫群众内生发展动力。其中，增强内生发展动力主要是增强脱贫地区的发展基础，增强脱贫群众的发展能力，提升脱贫群众的发展意愿，努力构建多元化内生动力培育机制。脱贫攻坚阶段，一些群众从开始的"靠、等、要"，到积极地去奋斗，再到不同程度地参与乡村发展和建设当中。巩固拓展脱贫攻坚成果和全面推进乡村振兴阶段，群众依然是一个关键的问题，脱贫群众既是巩固拓展衔接的对象，更是全面推进乡村振兴的主体。

脱贫地区要巩固拓展脱贫攻坚成果，保障不出现规模性返贫，需要国家政策的支持，但从根本上来说，还是要提升脱贫群众自我发展能力和发展的意志，不能遇到风险和挑战马上就退缩，发展的愿望不坚定，回到"靠、等、要"和被动发展状态，在当下和未来的全面推进乡村振兴过程中，需要持续地去激发内生动力，一方面注重技能和手艺的提升，另一方面增强发展意志和发展愿望。总而言之，人才是乡村振兴的核心要素，是推动乡村内生发展的主要力量。习近平总书记深刻指出，"贫困地区发展要靠内生动力，如果凭空救济出一个新村，简单改变村容村貌，内在活力不行，劳动力不能回流，没有经济上的持续来源，这个地方下一步发展还是有问题，一个地方必须有产业，有劳动力，内外结合才能发展，最后还是要能养活自己啊①。"

（二）提升脱贫群众发展能力的实践路径

长久以来，中国坚持以促进人的全面发展为理念的扶贫开发，充分调动脱贫群众的积极性、主动性和创造性，注重扶贫同扶智、扶志相结合，也注重将专业能力发展与个体发展愿望激发相结合。在提升脱贫群众发展能力的创新实践中，出现了脱贫群众自主致富意愿不强，过度依赖帮扶政策，同时技能素质较低等新的问题和挑战。为此，国家乡村振兴局出台

---

① 《在河北省阜平县考察扶贫开发工作时的讲话》（2012年12月29—30日）。

《关于落实党中央国务院 2023 年全面推进乡村振兴重点工作部署的实施意见》，提出要摸清职业教育和技能培训需求底数，建立清单，为有意愿的脱贫群众提高技能创造条件。聚焦脱贫家庭新成长劳动力，实施"雨露计划＋"就业促进行动，提高职业教育入读率和就业率，聚焦脱贫家庭青壮年劳动力，提高技能专业化水平。

1. 分类施策"育"人才，为全面推进乡村振兴强引擎

一是大力培育农村实用型人才，发挥"土专家""田秀才""乡创客"的作用，厚植"新农人"沃土，注重培养有文化、懂技术、善经营、会管理的"新农人"，同时挖掘培养乡村手工业者、传统艺人，在传统技艺人才聚集地设立工作站，开展研习培训、示范引导、品牌培育。支持鼓励传统技艺人才创办特色企业，带动发展乡村特色手工业。二是培育新型农业经营主体，构建新型农业经营体系，大力培育专业大户、家庭农场、专业合作社等新型农业经营主体，逐步形成以家庭承包经营为基础，龙头企业为骨干，其他组织形式为补充的新型农业经营体系。三是培育农村创新创业带头人，不断改善农村创业创新生态，稳妥引导金融机构开发农村创业创新产品和服务，加快农村创业创新孵化实训基地建设，同时壮大新一代乡村企业家队伍，完善乡村企业家培训体系，完善涉农企业人才激励机制，加强对乡村企业家合法权益的保护。

2. 持续实施"雨露计划"，激活职业教育发展的动力

一是中国政府持续实施"雨露计划"，积极扶持、引导贫困家庭"两后生"接受现代职业教育，提高职业技能，增强就业和创业能力，帮助贫困家庭"两后生"赢得人生出彩的机会。二是深入开展职业教育东西部协作行动，全面推进东西职业院校协作全覆盖、东西中职招生协作兜底、职业院校全面参与东西劳务协作；配合人力资源和社会保障部深入推进技能脱贫千校行动，组织全国千所省级重点以上技工院校面向贫困地区定向招生贫困家庭应、往届"两后生"免费接受技工教育。三是聚力脱贫家庭职教毕业生就业帮扶，将原建档立卡贫困家庭毕业生作为就业援助重点，实施结对帮扶、包干到人，优先提供岗位、优先推荐录用。聚焦未就业的脱贫家庭毕业生，推动升学培训、政策岗位、专场招聘、精准服务、对口支援 5 项"促就业"重点任务落地[①]。

3. 多途径开展线上和线下的培训，大力培养乡村技能人才

一是实现培训供给多元化，构建以公共实训基地、职业院校（含技工院校）、职业技能培训机构和行业企业为主的多元培训载体。推动培训市场全面开放，采取优化审批服务、探索实行告知承诺等方式，激发培训主体积极性，有效增加培训供给。二是本着"按需施教"的原则，各地灵活开展贫困劳动力技能培训，推进"人人持证、技能社会"建设，动员贫困户劳动力、易地搬迁劳动力和返乡农民工参加免费职业技能培训，提高他们的职业技能等级证书取证率。三是大力弘扬劳模精神、工匠精神，营造劳动光荣的社会风尚和精益求精的敬业风气。鼓励脱贫群众通过诚实辛勤劳动、创新创业创造过上幸福美好生活，加强职业道德教育，引导劳动者树立正确的人生观、价值观、就业观，培养敬业精神和工作责任意识。推进新型产业工人队伍建设，提高产业工人综合素质。

三、发展新型农村集体经济

农村集体经济，指的是主要生产资料归乡村社区成员共同所有，并共享劳动成果的经济组织形式。发展新型集体经济，对巩固拓展脱贫成果和全面推进乡村振兴具有重要意义。为此，2021 年中央 1 号文件提出要"发展壮大新型农村集体经济"，即在农村地域范围内，以农民为主体，相

---

① 中国政府网：《国务院关于印发"十四五"就业促进规划的通知》，2021 - 08 - 27，https：// www.gov.cn/zhengce/content/2021 - 08/27/content_5633714.htm.

关利益方通过联合与合作，形成的具有明晰的产权关系、清晰的成员边界、合理的治理机制和利益分享机制，实行平等协商、民主管理、利益共享的经济形态。

（一）发展新型农村集体经济是巩固拓展衔接的重要议题

农村集体经济是农村社区自治和农村社区福利的重要经济来源，也是村庄及农户可持续发展的基础，没有农村集体经济的支撑，意味着乡村缺乏公共活动资金，缺乏造血功能，不利于农村社区和农户的可持续发展。在脱贫攻坚期间，村集体经济成为资源、市场和个体的中介，既为脱贫群众搭建经济社会发展平台，提高零散个体农户的市场竞争能力和抵御社会风险能力；又高效整合和利用国家及社会的援助资源，提高助贫效益和产出，强化社区发展能力。

发展新型农村集体经济，有助于巩固拓展脱贫攻坚成果并实现全面推进乡村振兴。一方面，能够通过吸纳人才和引进先进经营管理方式，提高集体资产经营运营水平，既能激活集体资产，又避免闲置和浪费，使脱贫攻坚成效能够得以延续。另一方面，可以为农民提供更多的就业机会和增加收入的途径，农民可以参与农业产业链的各个环节，获得经营性和工资性收入，提高生活水平。

发展新型农村集体经济是促进农村社区社会稳定、推进乡村治理体系和治理能力现代化建设的重要支撑，集体经济组织是乡村基层组织的重要部分，有助于农村公共事业的发展，新型农村集体经济与农民的利益息息相关，可以提高农民的集体意识，巩固乡村治理的群众基础。同时，集体经济的发展也可以为农村社区提供更多的公共服务，改善农村基础设施和社会福利，提升农民的生活品质，增强农村居民的获得感和幸福感。在巩固拓展衔接时期，新型农村集体经济对稳定脱贫有直接带动作用，同时能够促进脱贫村公共产品供给能力，能够增强村庄凝聚力，促进乡村治理目标落实，能够增强基层党组织服务群众能力，夯实党的执政基础。

（二）发展新型农村集体经济的主要做法

1. 建立健全扶贫项目资产的长效运行管理机制

建立健全扶贫资产管理机制的重点是提升管理与营运的质量。一是明确扶贫资产管理的产权关系，按照实事求是、合法合规的原则，将资产确权到户、村、乡、部门，依据形成扶贫资产时的项目资金构成和实施方式，将产权确定为单一主体或多个主体，防止资产流失，将资产收益重点用于项目运维管护。二是制定实施全国统一的扶贫资产管理办法，明确扶贫资产的范围、产权归属、股权等设置比例，管护运营办法、管理主体、资产处置程序等，针对不同类型的扶贫资产，强化分类运营管理，明确产权归属和管护责任主体①。三是建立扶贫项目资产后续年检考核制度，每年年终要对所有扶贫项目资产的完整性、经营性扶贫项目资产的收益性进行年检和考评，并制定年底的保底分红方案。四是深化完善扶贫资产收益分配机制，真正发挥扶贫资产巩固拓展脱贫攻坚成果和持续促进农民增收的功效。

2. 拓宽新型农村集体经济发展途径，探索多种实现形式

一是立足优势，发展资源经济，鼓励村级组织依法合理开发利用集体土地和其他社区资源，建设农作物种养基地，发展特色农业和现代高效生态农业，利用社区节余的土地和其他具有开发潜力的集体所有资源，发展村集体增收项目。二是盘活资产，打造物业经济，充分利用村集体闲置房屋等资产，通过托管、租赁经营等方式，实现资产保值，对部分资产相对匮乏的脱贫村，探索通过行政划拨、政府购买等方式异地置业，增加集体

---

① 魏后凯. 全面加强扶贫资产的管理和监督［J］. 中国发展观察，2020（23）：24-25.

收入，共享收益。三是突出特色，培强产业经济。根据社区资源禀赋，利用美丽乡村和特色小镇等载体，吸引投资发展产业，并加大农业招商引资力度，以龙头企业带动特色产业发展，培育具有地域特色的农业品牌，形成"一乡一业""一村一品"的特色产业发展格局。四是对接需求，做好服务经济，支持村集体组织以劳务总承包的方式，承接生产经营服务和劳务输出等服务，吸纳农民转移就业并从中获得收益。五是综合利用资源，开发旅游经济，鼓励具有文化基础的村集体创办乡村旅游经济实体，开发乡村旅游项目。

3. 发挥党建引领作用，推动新型农村集体经济高质量发展

坚持党建引领，凝聚共识、汇集力量、协调各方，系统有序推进各项改革发展任务，确保实现各项预期目标。一是精准选派"第一书记"和"驻村工作队"，发挥派出单位和驻村干部自身优势，整合脱贫地区村庄内外资源，优化资源空间配置，鼓励村集体进行合作发展，因地制宜寻找合适的"飞地"项目，引导村集体以入股经营、委托投资、资金运作等方式积极参与国有平台优质物业经营，带动偏远山区资源缺乏的村集体经济发展。二是跨村联建聚合力，通过"整镇、联村、单村"等模式组建"强村公司"，灵活采取村集体自主经营、股份合作等方式，进一步放宽公司经营范围及承揽工程限额，实施项目开发，承接物业管理、农村小额工程等业务，发挥"强村公司"增收的主要动力，积极拓展党委领导、公司式经营，经理人来运作的新型集体经济发展模式，助推农村社区村级集体经济增收。

四、发展壮大县域经济

县域经济指以产业发展为核心，以县级行政区划为地理空间，在县级政府引导下，以乡镇为纽带，以农村为腹地，以市场为主导，优化配置资

源，具有地域特色、功能完备的区域经济①。从其产业构成来看，主要是"内生成长型"产业和"引进输入型"产业，还包括随着工业经济和城镇化逐步成长起来的相关生产性和消费型服务业。在巩固拓展脱贫攻坚的过程中，以县域为重点推进城乡融合发展，持续壮大县域经济，增强县域经济对稳定脱贫和全面推进乡村振兴的带动能力。

（一）发展壮大县域经济的重要性和必要性

中国的城乡发展进入一个新的历史阶段，发展壮大县域经济成为城乡融合发展的重要内容，县域连接着"城"和"乡"，是各项政策落实的基本单元，是连接城乡的交汇点，是一个重要的枢纽和关键点。县域的场景下，国家各项惠农政策与资本、技术等发展要素聚合、交汇，在国家政策引导和支持下，充分将县域特色优势资源、人力资本与外部资本、金融、先进技术等要素有效集合，形成规模化、现代化县域产业，是壮大县域经济的基本过程，也是聚合城乡资源要素，形成可持续城乡关联、促进乡村发展的过程。

中国县域经济发展过程，一方面为脱贫地区和脱贫群众提供了更多就业岗位，带动了就近就地就业和县域新型城镇化的发展；另一方面因其作为连接城乡、连接生产与需求的平台和纽带，能够对乡村产业持续发展、高质量发展提供支持。此外，县域的集聚效应，有助于在县域范围内配置要素和资源，形成县域内城乡要素资源的更合理配置。就业和人口向城镇适度集聚，为农业产业适度规模化经营创造条件。因此，盘活和壮大县域经济，已经成为巩固拓展脱贫攻坚成果和全面推进乡村振兴的必然要求。随着 2022 年《关于推进以县城为重要载体的城镇化建设的意见》和《"十

---

① 中国经济网：《在新发展格局中做强做优县域经济》，2022－09－19，http：//views. ce. cn/view/ent/202209/19/t20220919＿38111496. shtml。

四五"新型城镇化实施方案》的深入实施，县城的综合承载力和发展质量将得到持续提升，更好满足农民到县城就业安家需求和县城居民生产生活需要，为实施扩大内需战略、协同推进新型城镇化和乡村振兴提供有力支撑。未来的乡村全面振兴，县域依然是最为关键的节点。增强县域经济的带动能力和辐射能力，建立贯穿城乡的产业体系，吸纳城乡劳动力就近就地就业，无论对于巩固拓展脱贫攻坚成果还是强县富民都具有举足轻重的意义。

（二）壮大县域经济，推动县域高质量发展

近年来，县域经济越来越成为中国经济增长的推动力量，并在承接产业转移、优化经济结构以及吸纳农村富余劳动力等方面发挥着重要作用。从现实层面来看，发展壮大县域经济依然存在不少困难和短板。表现为：一是县域发展不均衡不充分问题突出，中西部地区县域经济实力薄弱，基础较差，脱贫县尤甚。二是县域产业、人口吸引和承载能力有限。三是县域城乡联系相对薄弱，缺乏有竞争力的品牌对县域农业产业形成整体带动。四是县域改革任务艰巨，尤其是促进城乡融合发展的体制机制还未有效建立起来。为此，在巩固拓展衔接阶段，中央明确将县域作为国家乡村振兴工作的重要一环，从中央到地方进行了各项政策部署，2021 年 3 月，《中华人民共和国国民经济和社会发展第十四个五年规划和 2035 年远景目标纲要》提出要"发展县域经济，推进农村一二三产业融合发展，延长农业产业链条，发展各具特色的现代乡村富民产业"。2021 年 6 月，商务部等 17 部门印发《关于加强县域商业体系建设促进农村消费的意见》，提出要加强县域商业体系建设，赋予县域全面推进乡村振兴、推动城乡融合发展、全面促进农村消费的重要期待。中国政府出台的一系列政策措施，主要涵盖了注重富民产业和强县产业培育和发展、深化东西部区域经济交流合作、完善县域公共服务、深化县域改革、盘活各类资源等方面。

1. 培育发展县域富民产业和强县产业

县域富民产业是指充分依托县域优势资源，延长既有产业链和价值链，在县域内形成参与度广、带动能力强、一二三产业融合的产业体系。发展县域富民产业，一是从中国县域发展实际出发，深化东中西部区域经济交流合作，承接产业转移，由"给钱、给物"为主转变为引进企业和引导产业转移为主，促进更多项目落地实施，助力脱贫地区壮大县域经济①，助力中西部县域发展各类就业带动能力强的"乡村车间"和"社区工厂"。二是抓住农村电商发展的机遇，促进县域产业链整体升级，系统整合县域内农产品种植养殖、加工、物流、包装、销售等环节与各类资源，形成县域富民全产业链，吸引企业投资和落户。

发展和培育强县产业，就是要引导县域产业立足资源优势和发展基础，面向市场需求，培育产业特色和竞争优势，推动形成县域产业"一乡一品""一县一业"发展格局。一是鉴于支柱产业的基础，推动金融支持，设立专项资金，为强县产业提供税收减免、贷款优惠、研发资金支持等方面的政策激励，积极发展具有高附加值和创新能力的产业。二是积极创建品牌，加强农产品"三品一标"认证服务和支持，培育一批特色鲜明、质量稳定、信誉良好的本地知名农产品品牌，增强特色产业的竞争力。三是与高等院校和研究机构合作，建立技术创新和研发平台，吸引和支持科技型企业和创新型创业者，促进产学研用结合，推动技术转移和成果转化。不难发现，作为从县域社会内部就地取材、因地制宜发展起来的县域产业体系，县域富民产业和强县产业充分利用了当地资源和社会基础，具有低成本、低门槛和低风险的特点，有力推动了县域经济社会快速发展，也奠定了乡村产业的发展基础。

---

① 国家乡村振兴局：《巩固拓展脱贫攻坚成果，增强内生发展动力》，2023 - 01 - 13，https：//nrra. gov. cn/2023/01/13/ARTImPopUUTLncpPxjguYSay230113. shtml.

2. 完善县域公共服务，吸引人口集聚

完善县域公共服务，吸引人口集聚，需要统筹考虑乡村发展与县域城乡人口流动趋势相契合程度，补齐公共基础设施短板，推进城乡基本公共服务均等化。其一，完善基础设施建设，按照城乡贯通、城乡融合的思路，合理安排路、水、电、房、网以及物流基础设施布局，在促进城乡基础设施互联互通过程中，与农业现代化、乡村工业化、数字乡村建设等统筹考虑，为壮大县域经济、新型城镇化建设和全面推进乡村振兴提供支撑，不断满足城乡居民生产生活需求。其二，着力建设县乡村三级服务体系，不断提升城乡公共服务能力和服务均等化程度，主要解决教育、医疗、养老等社会基础设施建设，首先是发展优质均衡教育，推动城乡教育互通；其次是提高医疗保障水平，实现城乡医疗联通；再次是完善多元养老体系，促进城乡养老贯通，此外，要统筹"县—乡—村"三级公共服务体系和服务能力建设，提升县级教育、医疗、养老服务能力。

3. 深化县域改革，盘活各类资源

深化县域改革，盘活乡村各类资源，是壮大县域经济的重点和难点所在，主要改革事项集中在人、地、钱、事四个方面。一是激发人的创造力、厚植人力资本基础。深入推进人事管理制度改革，加强专业人才队伍建设，强化驻村干部队伍的建设和管理，培养和造就一批"懂农业、爱农村、爱农民"的"三农"干部，建设与县域经济发展需求相匹配的技术人才队伍和专业人才队伍。二是统筹规划，科学合理节约使用土地资源，重点深化"农用地"改革，稳妥推进"宅基地"改革，盘活存量资源，为县域新型城镇化和产业发展提供国土支持，同时合理分配土地增值收益，将增值收益主要部分用于乡村振兴和统筹推进经济社会协调发展。三是统筹使用涉农资金，借助资源动员和配置能力，引导金融资本和社会力量参与其中，同时也要完善县域普惠金融体系和社会信用体系，要素产权制度搭

建公平交易平台。四是完善营商环境建设、经济基础设施规划与建设改革事项，服务县域发展，让惠民政策落地生根。

案例 3 - 4：

兰考模式：壮大县域经济，带动乡村全面振兴①

兰考县地处河南省黄河滩区，全县下辖 13 个乡镇，3 个街道，450 个行政村，总面积 1 116 平方千米，总人口 85 万人，其中农村人口 77.3 万人，耕地面积102.4 万亩，人均耕地面积不足 1.4 亩。受自然地理条件制约，长期以来经济发展较为滞后，2002 年被确定为国家级扶贫开发工作重点县。

脱贫攻坚以来，兰考县坚持贯彻落实习近平总书记的讲话精神，把扶贫开发工作作为头号的民生工程，抓住机遇，补齐短板。回顾兰考县域经济的发展历程，主要是在党建引领下，围绕三个方面开展工作：一是把强县和富民统一起来，培育发展县域富民产业和强县产业；二是完善县域公共服务，补全教育、医疗、养老等公共基础设施建设短板，吸引人口集聚；三是把改革和发展结合起来，深化县域改革，盘活各类资源。经过不懈的努力，兰考发生了翻天覆地的变化，兰考县从"国家级贫困县"到"三年脱贫，七年小康"，县域经济得到快速长远的发展，实现了由"兰考之问"到"兰考之变"的发展巨变。据官方数据显示，2022 年全县生产总值 426.10 亿元，2022 年全县城乡居民人均可支配收入 23 449 元，农村居民人均可支配收入 18 214 元。

---

① 课题组根据调研情况整理。

◎ 第四章 巩固拓展脱贫攻坚成果同乡村振兴有效衔接的实践

着眼全面建成中国特色社会主义现代化强国，实现中华民族伟大复兴目标，短板依然在"三农"。党的十九大和二十大部署实施乡村振兴战略，巩固拓展脱贫攻坚成果同乡村振兴有效衔接，着力推进农业农村现代化，迈向中国特色农业强国，加快建设宜居宜业和美乡村。乡村振兴涵盖乡村产业振兴、人才振兴、文化振兴、生态振兴、组织振兴五个维度，目标是实现乡村产业兴旺、生态宜居、乡风文明、治理有效与生活富裕。乡村振兴不是另起炉灶，而是在巩固拓展脱贫攻坚成果的基础上推进的。

一、"三农"工作重心历史性转移

（一）乡村振兴的战略背景与内涵

2017 年，党的十九大报告首次提出乡村振兴战略，报告指出农业农村农民问题是关系国计民生的根本性问题，必须始终把解决好"三农"问题作为全党工作的重中之重，实施乡村振兴战略。以习近平同志为核心的党中央提出"实施乡村振兴战略"这一部署，有其深刻的历史背景和现实依据，是从党和国家事业发展全局作出的一项重大战略决策。进入新时代，党中央坚持高度重视"三农"工作的传统，在新中国成立以来特别是改革开放以来工作的基础上，通过开展脱贫攻坚、实施乡村振兴战略等，用有限资源稳定解决 14 亿多人口的吃饭问题，全体农民摆脱绝对贫困、同步进入全面小康，"三农"工作成就巨大、举世公认。同时，受制于人均资源不足、底子薄、历史欠账较多等原因，"三农"仍然是一个薄弱环节，同新型工业化、信息化、城镇化相比，农业现代化明显滞后。主要表现在：农业生产效率相对较低，农业劳动生产率仅为非农产业的 25.3%；农业比较效益低下；农产品国际竞争力明显不足，国内粮食等农产品价格普遍超过国际市场；农村基础设施和公共服务落后于城市；城乡居民收入比为 2.5：1、消费支出比为 1.9：1。这是党中央强调全面推进乡村振兴、加快建设农业强国的一个重要原因①。

1. 总目标与总要求

2019 年 3 月，在参加河南代表团审议时，习近平总书记指出，"实施乡村振兴战略的总目标是农业农村现代化，总方针是坚持农业农村优先发展，总要求是产业兴旺、生态宜居、乡风文明、治理有效、生活富裕，制度保障是建立健全城乡融合发展体制机制和政策体系"。早在 2017 年，中央农村工作会议明确了实施乡村振兴战略的目标任务：到 2020 年，乡村振兴取得重要进展，制度框架和政策体系基本形成；到 2035 年，乡村振兴取得决定性进展，农业农村现代化基本实现；到 2050 年，乡村全面振兴，农业强、农村美、农民富全面实现。从实施乡村振兴的时间线可见，脱贫攻坚与乡村振兴二者不是割裂的，2020 年决战脱贫攻坚取得决定性胜利，就是乡村振兴取得重要进展的一部分。

2. 五大振兴

2018 年 3 月，习近平总书记在参加十三届全国人大一次会议山东代表团审议时提出了"五大振兴"的乡村振兴路线图，即产业振兴、人才

---

① 习近平. 加快建设农业强国　推进农业农村现代化［J］. 求是，2023（6）.

振兴、文化振兴、生态振兴和组织振兴，这构建起了乡村振兴的"四梁八柱"。①

一要产业振兴。乡村振兴，产业兴旺是重点。产业是发展的根基，产业兴旺，农民收入才能稳定增长。习近平总书记指出："要推动乡村产业振兴，紧紧围绕发展现代农业，围绕农村一二三产业融合发展，构建乡村产业体系，实现产业兴旺，把产业发展落到促进农民增收上来，全力以赴消除农村贫困，推动乡村生活富裕。"

二要人才振兴。乡村振兴，人才是基石。农村经济社会发展，说到底，关键在人。习近平总书记指出："乡村振兴，人才是关键。要积极培养本土人才，鼓励外出能人返乡创业，鼓励大学生村官扎根基层，为乡村振兴提供人才保障。"农民是乡村振兴的主力军，要就地培养更多爱农业、懂技术、善经营的高素质农民。

三要文化振兴。实施乡村振兴战略，要物质文明和精神文明一起抓，既要发展产业、壮大经济，更要激活文化、提振精神，繁荣兴盛农村文化。没有乡村文化的高度自信，没有乡村文化的繁荣发展，就难以实现乡村振兴的伟大使命。要把乡村文化振兴贯穿于乡村振兴的各领域、全过程，为乡村振兴提供持续的精神动力。

四要生态振兴。良好生态环境是农村最大优势和宝贵财富。要坚持人与自然和谐共生，走乡村绿色发展之路。要牢固树立和践行绿水青山就是金山银山的理念，落实节约优先、保护优先、自然恢复为主的方针，统筹山水林田湖草系统治理，严守生态保护红线，以绿色发展引领乡村振兴。生态宜居是实施乡村振兴战略的重大任务。

五要组织振兴。党的力量来自组织，基层党组织是实施乡村振兴战

---

① 新华网：《时间表、路线图，读懂乡村振兴这篇大文章》，2021－02－04，http：//www.xinhuanet.com/politics/leaders/2021－02/04/c_1127064587.htm.

略的"主心骨"。农村基层党组织强不强，基层党组织书记行不行，直接关系乡村振兴战略的实施效果好不好[1]。

"五大振兴"与实施乡村振兴战略的产业兴旺、生态宜居、乡风文明、治理有效、生活富裕总要求一脉相承，是不可分割的有机整体。全面推进乡村振兴关键在"全面"，必须加强顶层设计、统筹谋划、科学推进，人力投入、物力配置、财力保障都要转移到乡村振兴上来。2022年12月，习近平总书记在中央农村工作会议上强调："要全面推进产业、人才、文化、生态、组织'五个振兴'，统筹部署、协同推进，抓住重点、补齐短板。"这一重要部署是全面推进乡村振兴的根本遵循和行动指南。

3. 农业强国与宜居宜业和美乡村

党的二十大在擘画全面建成社会主义现代化强国宏伟蓝图时，对农业农村工作进行了总体部署。概括而言，"三农"工作要全面推进乡村振兴，到2035年基本实现农业现代化，到本世纪中叶建成农业强国。农业是近两亿人就业的产业，农村是近5亿农民常住的家园，只有把农业农村搞好了，广大农民才能安居乐业，才有充足的获得感、幸福感、安全感。实现高质量发展，离不开农业发展。只有农业强了，农产品供给有保障，物价稳定、人心安定，经济大局才能稳住。拓展现代化发展空间，农业农村是大有可为的广阔天地。几亿农民整体迈入现代化，会释放巨大的创造动能和消费潜能，为经济社会发展注入强大动力。

习近平总书记指出，"农村现代化是建设农业强国的内在要求和必要条件，建设宜居宜业和美乡村是农业强国的应有之义。"乡村不仅是农业生产空间载体，也是广大农民生于斯长于斯的家园故土。建设农业强国要

---

① 人民网：《习近平要求乡村实现"五个振兴"》，2018－07－16，http：//politics. people. com. cn/n1/2018/0716/c1001－30149097. html。

一体推进农业现代化和农村现代化，实现乡村由表及里、形神兼备的全面提升。要瞄准"农村基本具备现代生活条件"的目标，组织实施好乡村建设行动，特别是要加快防疫、养老、教育、医疗等公共服务设施建设，提高乡村基础设施完备度、公共服务便利度、人居环境舒适度，让农民过上现代文明生活。可见，建设宜居宜业和美乡村既是全面推进乡村振兴的重要一环，也是建成农业强国的重要一环。

（二）在党建引领下实现"三农"工作重心转移

在 2020 年中央农村工作会议上，习近平总书记指出，"脱贫攻坚取得胜利后，要全面推进乡村振兴，这是'三农'工作重心的历史性转移"。2021 年中央 1 号文件《中共中央　国务院关于全面推进乡村振兴加快农业农村现代化的意见》将"全面推进乡村振兴、加快农业农村现代化"作为主题，进一步标志着"三农"工作重心的历史性转移。从重要会议到重要文件，中国决战脱贫攻坚取得决定性胜利后，乡村振兴的制度框架和政策体系基本形成，下一步要将"三农"工作重心转向全面推进乡村振兴，确保到 2035 年基本实现农业农村现代化，到 2050 年乡村全面振兴，农业强、农村美、农民富全面实现。与脱贫攻坚相比，全面实施乡村振兴战略时间更长、范围更广、难度更大，必须采取更有力的举措，汇聚更强大的力量来打赢这场持久战。改革开放以来，中国建立了一套完整的减贫工作体系，形成了包括组织领导、驻村帮扶、资金投入、金融服务、社会参与、责任监督、考核评估等在内的制度体系。推动脱贫攻坚转向乡村振兴，需要认真总结并借鉴脱贫攻坚中的有益经验和有效做法，逐步建立一个符合乡村振兴要求的新工作体系[①]。可以说，巩固拓展脱贫攻坚成果同

---

① 人民网：《人民日报新论："三农"工作重心的历史性转移》，2021－01－02，http：//opinion. people. com. cn/n1/2021/0120/c1003－32005291. html.

乡村振兴有效衔接，正是实现"三农"工作重心历史性转移的实践路径。

党的十八大以来，以习近平同志为核心的党中央坚持把解决好"三农"问题作为全党工作的重中之重，把脱贫攻坚作为全面建成小康社会的标志性工程，组织推进人类历史上规模空前、力度最大、惠及人口最多的脱贫攻坚战，贫困地区发生翻天覆地的变化，解决了困扰中华民族几千年的绝对贫困问题。脱贫不是终点，而是新征程的起点。脱贫攻坚取得胜利后，要全面推进乡村振兴。从脱贫攻坚迈向乡村振兴，持续巩固和拓展脱贫攻坚成果是基础和底线。脱贫不返贫才是真脱贫。脱贫摘帽后，各地坚持摘帽不摘责任、摘帽不摘政策、摘帽不摘帮扶、摘帽不摘监管的"四不摘"工作要求，千方百计筑牢保障网。通过健全防止返贫动态监测和帮扶机制，对易返贫致贫人口实施常态化监测，重点监测收入水平变化和"两不愁三保障"巩固情况，继续精准施策。在巩固拓展脱贫攻坚成果过程中，各地继续加强对脱贫地区的产业帮扶，提升产业发展质量和益贫带贫能力；通过强化易地搬迁后续扶持，确保搬迁群众稳得住、有就业、逐步能致富。民族要复兴，乡村必振兴。乡村振兴既是一场攻坚战，更是一场持久战，深度、广度、难度都不亚于脱贫攻坚。要在乡村产业、农村思想道德建设、农村生态文明建设、深化农村改革、公共基础设施建设、城乡融合发展、乡村治理等方面下功夫、谋良策、见实效。要努力建设一支政治过硬、本领过硬、作风过硬的乡村振兴干部队伍，多措并举吸引"土专家""田秀才"等各类人才在乡村振兴中建功立业，激发广大农民群众的积极性、主动性、创造性[①]。

进入新发展阶段，"三农"工作重心转向全面推进乡村振兴，同之前相比表现为三个方面的变化：由顶层设计到具体政策举措全面实化，由示

---

① 新华网：《学习网评：从脱贫攻坚迈向乡村振兴》，2021-01-01，http://www.xinhuanet.com/politics/xxjxs/2021-01/01/c_1126936121.htm.

范探索到全面推开，由抓重点工作到五大振兴全面推进①。

作为一个有着 30 年时间跨度的国家战略，长期的制度保证是全面推进乡村振兴的重要基础。《乡村振兴战略规划（2018—2022 年）》中明确，到 2020 年，乡村振兴的制度框架和政策体系基本形成，各地区各部门乡村振兴的思路举措得以确立，全面建成小康社会的目标如期实现。到 2022 年，乡村振兴的制度框架和政策体系初步健全。农业农村部副部长邓小刚在 2022 年中共中央宣传部举行"中国这十年"系列主题新闻发布会上就基本形成的乡村振兴制度框架和政策体系进行了介绍：一是党领导"三农"工作的体制机制更加完善，2019 年出台了《中国共产党农村工作条例》，2021 年《中华人民共和国乡村振兴促进法》全面实施，建立起中央统筹、省负总责、市县乡抓落实和五级书记抓乡村振兴的领导体制和工作机制。二是各项重点改革任务稳步推进，以处理好农民和土地关系为主线，推进农村承包地"三权"分置、集体产权制度、宅基地制度等重大改革，探索形成了一批成熟定型、管根本利长远的制度成果。三是城乡融合发展体制机制初步建立，城乡居民基本养老保险基本实现对农村适龄居民全覆盖，建立了统一的城乡居民基本医疗保险制度②。

二、促进乡村产业发展

2022 年中央 1 号文件强调"聚焦产业促进乡村发展"，并对持续推进农村一二三产业融合发展、大力发展县域富民产业、推进农业农村绿色发

---

① 中华人民共和国中央人民政府：《"三农"工作重心转向全面推进乡村振兴》，2021-02-23，https：//www.gov.cn/zhengce/2021-02/23/content_5588367.htm。

② 中华人民共和国中央人民政府：《中国这十年：新时代乡村振兴战略全面推进》，2022-06-28，https：//www.gov.cn/xinwen/2022-06/28/content_5698061.htm。

展等提出一系列具体要求。扎实有序促进乡村发展是全面推进乡村振兴，建设宜居宜业和美乡村的重点工作之一。在乡村发展方面，坚决守住耕地保护和粮食安全底线，促进粮食产业现代化的同时，推进特色产业发展，做好土特产文章；持续壮大县域经济带动乡村产业发展。积极推动农村改革，盘活乡村土地、资源、劳动力等要素，建立多种形式的利益联结机制、创新经营形式，为共同富裕探索实现路径。

（一）坚守耕地保护与粮食安全底线

截至 2022 年，中国粮食产量已连续 8 年稳定在 1.3 万亿斤以上，粮食供给总量充足、库存充裕。中国保障粮食安全重点是"三靠"：一是靠责任落实，主产区、主销区、产销平衡区都有责任保面积、保产量，全面落实粮食安全党政同责；二是靠收益保障，推动健全农民种粮收益保障机制，力争做到政策保本、经营增效；三是靠基础支撑，落实好藏粮于地、藏粮于技战略，坚决抓住种子和耕地两个要害，夯实粮食生产物质基础。

在耕地保护方面，落实"长牙齿"耕地保护硬举措，归纳起来就是"保数量、提质量、管用途、挖潜力"四大措施：一是保耕地数量。即严守 18 亿亩耕地红线。按照耕地和永久基本农田、生态保护红线、城镇开发边界的顺序，统筹划定落实三条耕地保护控制线。二是提耕地质量。抓高标准农田建设、抓黑土地保护、加强耕地占补平衡的全程监管。三是管耕地用途。对耕地转为建设用地的要严格限制，严厉查处违规违法占用耕地从事非农建设的行为。严格管控耕地转为其他农用地，防止粮田"非粮化"。四是挖耕地潜力。支持将符合条件的盐碱地等后备资源适度有序开发为耕地，对于一些具备开发条件的空闲地、废弃地，可以在保护生态环境的基础上，探索发展设施农业。同时也积极利用"互联网＋"对耕地实施智能化监测管理，推行"田长制"耕地保护新模式。

在粮食安全方面，重点是做好"藏粮于地、藏粮于技"战略。一是要坚决做好耕地保护，加快建设高标准农田，努力实现旱涝保收、高产稳产。二是着力解决种子问题，加强种质资源保护和育种创新，加强农业良种技术攻关，有序推进生物育种产业化应用。三是提高农民种粮积极性。构建国家粮食安全体系必须和提高农民粮食收益相统一，综合实施补贴、奖励、金融等一揽子政策措施，创新经营方式，优化实施种粮收入补贴政策，强化金融保险政策支持，实现农业发展、粮食增产和农民增收协调发展。

（二）做好"土特产"文章

产业振兴是乡村振兴的重中之重，也是实际工作的切入点。没有产业的农村，难聚人气，更谈不上留住人才，农民增收路子拓不宽，文化活动很难开展起来，宜居宜业和美乡村将难以建成。中国的重要举措之一，是要做好"土特产"工作。"土"讲的是基于一方水土，开发乡土资源。要善于分析新的市场环境、新的技术条件，用好新的营销手段，打开视野来用好当地资源，注重开发农业产业新功能、农村生态新价值，如发展生态旅游、民俗文化、休闲观光等。"特"讲的是突出地域特点，体现当地风情。要跳出本地看本地，打造为广大消费者所认可、能形成竞争优势的特色，如因地制宜打造苹果村、木耳乡、黄花镇等。"产"讲的是真正建成产业、形成集群。要延长农产品产业链，发展农产品加工、保鲜储藏、运输销售等，形成一定规模，把农产品增值收益留在农村、留给农民。产业梯度转移是个趋势，各地发展特色产业时要抓住这个机遇。总之，要依托农业农村特色资源，开发农业多种功能、挖掘乡村多元价值，推动一二三产业融合发展，强龙头、补链条、兴业态、树品牌，推动乡村产业全链条升级，增强市场竞争力和可持续发展能力①。

---

① 中华人民共和国中央人民政府：《习近平：加快建设农业强国　推进农业农村现代化》，2023 - 03 - 15，https：//www.gov.cn/xinwen/2023 - 03/15/content_5746861.htm.

做好"土特产"文章事关建设农业强国，拓宽农民增收致富渠道，推动实施乡村振兴战略。实践中，做好"土特产"文章，各地主要采取以下举措：一是强化规划引导和产业指导。组织实施乡村产业提升行动，研究编制乡村特色产业发展规划，制定特色种植、养殖等五大特色产业实施方案，发布"土特产"目录，引导农民发展多种经营。二是加大财政投入。加大优势产业集群、国家现代农业产业园、农业产业强镇等支持力度，打造全产业链条、促进一二三产业融合发展。吸引更多社会资本投资乡村特色产业。三是健全标准体系。完善五大特色产业全产业链标准体系，提高产业标准化生产水平。四是强化科技支撑。推动国家、省级现代农业产业技术体系覆盖更多特色产品，加强与中国农科院等院所合作推动国家重点研发计划设立乡村特色产业发展专项，培育一批乡村工匠、实用专业人才和特色产业带头人。五是完善金融服务。推动出台政策性金融支持乡村特色产业高质量发展的指导意见，推动更多特色产业纳入农业保险支持范围。六是提升发展质量。发挥市场、品牌优势，吸引更多经营主体、科技人才、社会资本等资源向乡村聚集，开发相关产品产业，完善仓储物流等设施和餐饮住宿等服务体系，促进生产、生活、生态协同发展①。

（三）强县富民与改革创新

1. 强县与富民

推动县域产业发展，不是就农业论农业，就农村论农村。在城乡融合发展的时代背景下，要着眼县域，坚持城乡融合发展的视野和路径方法。2022 年中央 1 号文件就推进乡村振兴作出部署安排，提出"聚焦产业促进乡村发展"，要求"大力发展县域富民产业"。推动乡村产业高质量发

---

① 中华人民共和国中央人民政府：《以特色产业发展推动乡村振兴——农业农村部乡村产业发展司有关责任人谈如何做好"土特产"文章》，2023 - 01 - 14，https：//www. gov. cn/zhengce/2023 - 01/14/content_5737003. htm.

展，加快乡村产业体系构建，能够提升发展质量，促进县域经济发展，实现农民增收致富。强县与富民，既是全面推进乡村振兴、建设宜居宜业和美乡村的目标之一，同时也是重要的手段与过程。推动县域产业发展，需要以统筹发展的眼光看到乡村振兴与县域发展的关联。2023年中央1号文件提出，"实施强县富民工程。引导劳动密集型产业向中西部地区、向县域梯度转移，支持大中城市在周边县域布局关联产业和配套企业。支持国家级高新区、经开区、农高区托管联办县域产业园区"。这一举措立足整个县域统筹规划发展，科学布局生产、加工、销售、消费等环节，完善县乡村产业空间布局①。通过重点发展主导产业和特色产业，乡村才能够宜居宜业，乡村振兴才能可持续发展。

案例4-1：

浙江："未来乡村"智慧场景实践探索②

未来乡村是根据《浙江省人民政府办公厅关于开展未来乡村建设的指导意见》，以人本化、生态化、数字化为建设方向，以原乡人、归乡人、新乡人为建设主体，以造场景、造邻里、造产业为建设途径，以有人来、有活干、有钱赚为建设定位，以乡土味、乡亲味、乡愁味为建设特色的乡村蓝图。实施"未来乡村"的项目村常住居民收入县域领先，集体经济年经营性收入为县域村均1.5倍以上。美丽庭院建设比例超过60%。常住人口实现净增长，青壮年人口占比有所提高。农村公共文化设施、队伍、活动、投入有效保障，文化服务丰富多彩，农民文化素质明显提高。

---

① 中国品牌：《"中央一号文件"中的新机遇》，2023-03-03，https://www.163.com/dy/article/HUTRE4H60519F4DP.html.

② 浙江发布：《全省第一批100个试点村！浙江开展未来乡村建设》，2022-02-10，https://www.zj.gov.cn/art/2022/2/10/art_1545477_59665855.html.

> "未来乡村"的工作体系是打造未来产业场景、未来风貌场景、未来文化场景、未来邻里场景、未来健康场景、未来低碳场景、未来交通场景、未来智慧场景、未来治理场景，以集成"美丽乡村＋数字乡村＋共富乡村＋人文乡村＋善治乡村"建设。

2. 改革与创新

全面推进乡村振兴，建设宜居宜业和美乡村，需要以改革创新的思路，清除农业农村发展的各种障碍，激发农村各类要素的潜能和各类主体的活力，不断为农业农村发展注入新动能[①]。2021年中央1号文件发布，进一步提出"深入推进农村改革"，为新发展阶段的农村改革作出了新部署，指明了新方向，为全面实施乡村振兴战略做好了整体谋划，推动乡村振兴开创新局面。党的十八大以来，在党中央坚强领导下，经过各方共同努力，农村改革取得重要进展，推动出台了一批顶层设计的改革方案，实施了一批纵深突破的改革试点，建立了一批成熟定型的法律制度。通过持续深化农村改革，破解了农业农村发展的许多难题和障碍，初步构建起了实施乡村振兴战略的"四梁八柱"，为实施乡村振兴战略提供了制度和政策保障。

发挥好改革与创新的突破和先导作用，加强对农村改革的统筹谋划，激发农村资源要素活力，从而激发乡村振兴的内生动力。一是要坚定农村改革方向，按照构建比较完善社会主义市场经济体制的要求，用改革举措促进制度建设，推进健全农业农村发展和乡村振兴的制度和政策体系，为加快实现中国特色农业农村现代化提供制度支撑。二是要在贯彻新发展理

---

① 中华人民共和国中央人民政府：《以改革创新促进乡村振兴》，2017-12-28，https://www.gov.cn/xinwen/2017-12/28/content_5250977.htm.

念和构建新发展格局过程中着力解决出现的突出问题，加快重点领域和关键环节改革，以重点突破引领改革纵深推进。通过建立健全各类制度和配套措施，应对全面推进乡村振兴中面临的各种问题。三是要把加强改革系统集成摆在更加突出的位置，着力在"集成"上下功夫，加快推动土地制度、经营制度、产权制度、支持保护制度、城乡融合发展体制机制等改革联动、集成配套，发挥改革整体效应[①]。

三、促进乡村建设

中国以"农村基本具备现代生活条件"为目标，组织实施好乡村建设行动，特别是要加快养老、教育、医疗等方面的公共服务设施建设，提高乡村基础设施完备度、公共服务便利度、人居环境舒适度，让农民就地过上现代文明生活[②]。在乡村建设方面，持续推进城乡基础设施互联互通，城乡基本公共服务均等化，聚焦乡村基本具备现代化生活条件目标，以"千万工程"为抓手，持续改善农村人居环境，建设宜居宜业和美乡村。2022 年，中共中央办公厅、国务院办公厅印发了《乡村建设行动实施方案》。到 2025 年，乡村建设取得实质性进展，农村人居环境持续改善，农村公共基础设施往村覆盖、往户延伸取得积极进展，农村基本公共服务水平稳步提升，农村精神文明建设显著加强，农民获得感、幸福感、安全感进一步增强。

（一）城镇与乡村一体规划

2017 年，党的十九大提出实施乡村振兴战略。在随后制定的《国家

---

① 文丰安. 全面实施乡村振兴战略：重要性、动力及促进机制 [J]. 东岳论丛，2022（3）：5 - 15.

② 黄承伟. 中国式现代化的乡村振兴道路 [J]. 行政管理改革，2022（12）：47 - 56.

乡村振兴战略规划（2018—2022 年）》中，把坚持城乡融合发展作为实施乡村振兴战略的基本原则之一，提出要"推动城乡要素自由流动、平等交换，推动新型工业化、信息化、城镇化、农业现代化同步发展，加快形成工农互促、城乡互补、全面融合、共同繁荣的新型工农城乡关系"。2019年出台的《中共中央　国务院关于建立健全城乡融合发展体制机制和政策体系的意见》提出，重塑新型城乡关系，走城乡融合发展之路，促进乡村振兴和农业农村现代化。《国家"十四五"规划和 2035 年远景目标纲要》明确，强化以工补农、以城带乡，推动形成工农互促、城乡互补、协调发展、共同繁荣的新型工农城乡关系。2022 年，党的二十大报告强调，坚持农业农村优先发展，坚持城乡融合发展，畅通城乡要素流动。从一系列重要文件与论述可见，高质量的乡村振兴，不能走传统城乡分离的发展道路，而是要在城乡融合发展视域下，重构乡村发展的动力机制，通过新型城镇化引领、推进和服务高质量实现乡村振兴目标。一方面，新型城镇化是实现乡村振兴的重要支点和路径。首先，城镇和中心集镇是推动乡村产业发展和一二三产业融合发展的主要载体。其次，一定规模的城镇才能支撑起必需的城乡基本公共服务。再次，新型城镇化的推进也能创造更多的就业机会、丰富村民的文化生活、提升乡村的宜居品质，使农民享有和市民同样的发展机会，使农村和城市拥有公平的发展空间。另一方面，高质量的乡村振兴也能进一步促进新型城镇化的发展。2021 年颁布的《乡村振兴促进法》把乡镇也纳入到乡村的范围，这样两者从空间形态上有了自然的衔接。高质量的乡村振兴可以助力优化城镇产业结构，促进城乡资源双向流动，扩大城镇发展的经济腹地、人才腹地，提升人口城镇化和区域消费水平，增强城镇和区域发展活力，推动形成新的经济增长点①。

中国不断探索建立健全城乡融合发展体制机制和政策体系，建立新型

---

① 左停. 新型城镇化：高质量乡村振兴的战略支点［J］. 国家治理，2022（8）：32－35.

工农城乡关系。一是建立健全有利于城乡要素合理配置的体制机制。坚决破除妨碍城乡要素自由流动和平等交换的体制机制壁垒，促进各类要素更多向乡村流动，在乡村形成人才、土地、资金、产业、信息汇聚的良性循环，为乡村振兴注入新动能。二是建立健全有利于城乡基本公共服务普惠共享的体制机制。推动公共服务向农村延伸、社会事业向农村覆盖，健全全民覆盖、普惠共享、城乡一体的基本公共服务体系，推进城乡基本公共服务标准统一、制度并轨。三是建立健全有利于城乡基础设施一体化发展的体制机制。把公共基础设施建设重点放在乡村，坚持先建机制、后建工程，加快推动乡村基础设施提档升级，实现城乡基础设施统一规划、统一建设、统一管护。四是建立健全有利于农民收入持续增长的体制机制。拓宽农民增收渠道，促进农民收入持续增长，持续缩小城乡居民生活水平差距[①]。

（二）乡村人居环境改善

近年来，各地以持续开展农村人居环境综合整治为抓手，全面推动落实脱贫攻坚各项工作，脱贫攻坚取得决定性胜利，为巩固拓展脱贫攻坚成果同乡村振兴有效衔接奠定基础。改善乡村人居环境，实现生产、生活、生态空间的整体性再造，使乡村具备现代生活基本条件，是乡村建设的重要任务。

中国于2018—2020年实施《农村人居环境整治三年行动方案》，以加快推进农村人居环境整治，进一步提升农村人居环境水平为目标，积极完成推进农村生活垃圾治理、开展厕所粪污治理、梯次推进农村生活污水治理、提升村容村貌、加强村庄规划管理、完善建设和管护机制六

---

① 求是网：《中共中央　国务院关于建立健全城乡融合发展体制机制和政策体系的意见》，2019 - 05 - 05，http：//www.qstheory.cn/yaowen/2019 - 05/05/c_1124453855.htm.

大重点任务①。截至 2020 年底，农村人居环境得到明显改善，村庄环境基本实现干净整洁有序，农民群众环境卫生观念发生可喜变化、生活质量普遍提高②。在此基础上，中国于 2021 年出台《农村人居环境整治提升五年行动方案（2021—2025 年）》，以加大力度破解突出短板，进一步推动农村厕所革命、生活垃圾处理、生活污水治理三大农村人居环境改善难题③。各地在促进乡村人居环境改善方面的关键举措主要包括：

一是规范整治农村基础建设。在尊重村情民意的基础上，确定统一规范、有地方特色的民居设计样式。深入研究制定务实管用的推进措施，调动群众自觉参与环境整治、改进生活方式的积极性。对于闲置危房、宅基地，结合全域国土综合整治等项目进行统一腾挪，置换成耕地或绿化地，改善乡村环境。由县域政府做好村庄布局，进一步加强农村公路和农田水利等设施建设④。

二是建立健全农村环境整治制度，让农村人居环境综合整治形成常态化、制度化。将环境整治纳入村规民约，建立奖惩举报制度。完善户分类、村收集、镇转运、县处理的四级垃圾处理运行模式。采取管用措施，严管理、严教育，增强广大群众珍爱环境的自觉性、主动性。进一步细化村组干部和公益性岗位人员的责任区域划分，以村为"面"，实行乡联系领导包村、村干部包片、组干包组，确保整治工作细化到位，责任到人，实现"点、面、体"三级人居环境整治格局，切实加强环境卫生的日常

---

① 新华社：《中共中央办公厅　国务院办公厅印发〈农村人居环境整治三年行动方案〉》，2018 - 02 - 05，https：//www.gov.cn/zhengce/2018 - 02/05/content_5264056.htm.

② 胡振通，柳荻. 扎实推动乡村生态振兴的主要挑战和实现路径 [J]. 安徽乡村振兴研究，2022（6）：24 - 31.

③ 光明日报：《5 年，农村人居环境将有这些新变化》，2021 - 12 - 07，https：//www.gov.cn/zhengce/2021 - 12/07/content_5658035.htm.

④ 湖北省农业规划设计研究院：《专题研究｜农村人居环境整治面临的挑战及重点任务》，2021 - 05 - 26，https：//zhuanlan.zhihu.com/p/375324246.

监督等。

三是保障基层政府政策落实，有条件的区域积极形成长效机制。在人居环境整治方面，保障政府资金划拨、资金募集、优惠政策等方式，明确农村生态治理专项机构职能，保障农村生态治理资金专项专用。同时，当地政府与村集体探索多样、稳定的筹资机制，拓展农村人居环境管护资金的来源。建立农户合理付费、村级组织统筹、政府适当补助的运行管护经费模式。明确农村人居环境基础设施产权的归属，引导村集体经济组织、农民合作社、村民等参与农村人居环境基础设施的运营和管理[①]。对于东、中西部城市近郊等有基础、有条件的地区，建立长效管护机制，革除"整治后反弹、反弹再整治"的顽疾[②]。

案例 4－2：

千万工程：从人居环境改善入手建设万千美丽乡村[③]

2003 年 6 月，浙江省委启动实施"千村示范、万村整治"工程（以下简称"千万工程"）。从全省 4 万个村庄中选择 1 万个左右的行政村进行全面整治。20 年来，"千万工程"在人居环境改善方面取得重大成效：项目实施村生活污水治理覆盖率 100％，生活垃圾基本实现"零增长""零填埋"，卫生厕所全面覆盖，森林覆盖率超过 61％，农村人居环境质量居全国前列，成为首个通过国家生态省验收的省份。

经验做法如下：一是坚持生态优先。以整治环境"脏乱差"为先手棋，全面推进农村环境厕所革命、垃圾革命、污水革命，全力推进农业

---

① 光明日报：《5 年，农村人居环境将有这些新变化》，2021－12－07，https：//www.gov.cn/zhengce/2021－12/07/content_5658035.htm.

② 中廉在线：《巩固提升农村人居环境综合整治成果，为接续乡村振兴奠定坚实基础》，2021－05－27，http：//www.chinainc.org.cn/show－353－493195－1.html.

③ 新华社：《造就万千美丽乡村　造福万千农民群众——"千万工程"二十年启示录》，2023－06－25，http：//www.news.cn/2023－06/25/c_1129715698.htm.

面源污染治理，开展"无废乡村"建设，实施生态修复。整治重污染高耗能行业，关停"小散乱"企业，培育"美丽乡村＋"农业、文化、旅游等新业态，推动田园变公园、村庄变景区。二是因地制宜。立足山区、平原、丘陵、沿海、岛屿等不同地形地貌，区分发达地区和欠发达地区、城郊村庄和纯农业村庄，结合地方发展水平、财政承受能力、农民接受程度开展工作，尽力而为、量力而行。三是循序渐进。保持工作连续性和政策稳定性，每 5 年出台 1 个行动计划，每个重要阶段出台 1 个实施意见。根据不同发展阶段确定整治重点，从花钱少、见效快的农村垃圾集中处理、村庄环境清洁卫生入手，到改水改厕、村道硬化、绿化亮化，再到产业培育、公共服务完善、数字化改革，先易后难、层层递进。四是坚持以人为本。始终从农民群众角度思考问题，尊重民意、维护民利、强化民管。厘清政府和农民的边界，该由政府干的主动想、精心谋、扎实做，该由农民自主干的不越位、不包揽、不干预，广泛动员农民群众参与村级公共事务。

（三）乡村公共服务体系建设

乡村公共服务体系是乡村建设的重要指标，是建设宜居宜业和美乡村的重要内容。2023 年中央农村工作会议提出，"组织实施好乡村建设行动，特别是要加快防疫、养老、教育、医疗等方面的公共服务设施建设"。全面推进乡村振兴，逐步补上农村公共服务短板是一项重要任务[①]。中国提出"到 2025 年全面建立基本公共服务标准体系，2035 年基本实现基本

---

① 人民网：《提标扩面，乡村公共服务更便利》，2023－01－13，http：//finance.people.com.cn/n1/2023/0113/c1004－32605511.html.

公共服务均等化"的目标，在继承与发展前期的经验做法的基础上，进一步完善农村社会服务体系。

一是建立城乡公共资源均衡配置机制，强化农村基本公共服务供给县乡村统筹，逐步实现标准统一、制度并轨①。这项工作涵盖基础设施、人居环境及提高农村教育质量、加强农村医疗卫生服务、改善乡村公共文化体育服务、保障农村养老服务、改善农村托幼服务、加强农村留守儿童关爱保护、探索农村公共服务多元化供给机制等多个领域。要加快补齐农村公共服务短板，推进优质公共服务资源下沉。

二是在推进乡村振兴中持续优化农村公共服务供给。面向基层，树立农村公共服务优先导向，激发内生力量，通过培育社会组织扩大农村公共服务供给主体，不断在完善细节中推动高质量服务供给。在教育方面，多渠道增加农村普惠性学前教育资源供给，继续改善乡镇寄宿制学校办学条件，保留并办好必要的乡村小规模学校，在县城和中心镇新建改扩建一批高中和中等职业学校，完善农村特殊教育保障机制，支持建设城乡学校共同体，加快发展面向乡村的网络教育。在农民就业创业方面，健全统筹城乡的就业政策和服务体系，推动公共就业服务机构向乡村延伸，深入实施新生代农民工职业技能提升计划。在文体方面，推进城乡公共文化服务体系一体建设，创新实施文化惠民工程，让农民既要"富口袋"又要"富脑袋"，扶持乡村农味农趣运动项目，积极培育农村体育组织，大力发展群众性体育活动。在健康方面，推进健康乡村建设，加强城乡医院对口帮扶，建立远程医疗、创新协同、巡回医疗等稳定机制，带动乡村提升应对突发公共卫生事件的能力。

三是继续在创新中推动公共服务向农村延伸与下沉，提升可及性。中国健全完善村级综合服务功能，加快推进农村"生活服务圈"建设，从

---

① 王勇．全面推进乡村振兴　加快农业农村现代化［N］．公益时报，2021－02－23．

10 个方面确保综合服务供给下沉到村：卫生健康服务、医疗保障服务、就业和社会保险服务、社会服务、文化体育和教育服务、生产服务、生活服务、人居环境服务、警务和法律服务、应急和社会心理服务[①]。

案例 4－3：

福建古田："互助孝老食堂"开启农村社会服务体系新篇章[②]

福建省古田县立足实际，探索试点"互助孝老食堂"工作，构建"政府搭台、村居承办、居民互助、个人自愿、梯度收费、社会参与"的运作模式，鼓励居家抱团养老，重点解决贫困、留守、孤寡、高龄、失独、重残等特殊困难老年人的吃饭问题，对老人进行关怀、关注，不断拓展医疗保健、休闲娱乐等综合服务，建设互助共享的养老平台，开启农村养老服务新篇章。

主要做法如下：古田县选定 10 个试点村建设"互助孝老食堂"，满足老年人用餐需求，解决农村居家养老的民生"食"事，提高农村老年群体健康状况，让子女在外干事创业无后顾之忧。目前，古田县举办"互助孝老食堂"的村达 55 个，总计用餐群众 1 400 多人，逐步实现困难群众和老年人在"家门口"就能得到便捷实惠的照护。在"互助孝老食堂"开办后，古田县吸收本地居民、爱心人士、乡贤侨胞等群体力量，推动自主运营，实现政府监管、村居承办、社会互助的良性发展模式。一是村居承办，互助互济。二是分级分类，梯度收费。三是注重社会参与，整合运营资源。四是创办"时间银行"，扩充服务力量。在此基础上，互助孝老食堂功能不断拓展，逐步向养老综合平台发展。古田

[①] 央视网：《民政部等多部门：到 2025 年村级综合服务设施覆盖率达 80％以上》，2022－07－26，https://news.cctv.com/2022/07/26/ARTIBCj1nEi7OMqd0HqY08N3220726.shtml.

[②] 国家发展改革委社会司：《福建古田："互助孝老食堂"开启农村养老新篇章》，2022－05－30，https://www.ndrc.gov.cn/xwdt/ztzl/qgncggfwdxal/202205/t20220530_1326218_ext.html.

县将"互助孝老食堂"开拓出乡风文明、医疗、娱乐等多重功能，成为全县共建农村公共文化服务的重要载体，形成孝老文化传播平台、医疗康养平台、休闲娱乐平台和政企校文明共建平台。

四、完善乡村治理

习近平总书记指出，"要加强和创新乡村治理，建立健全党委领导、政府负责、社会协同、公众参与、法治保障的现代乡村社会治理体制，健全自治、法治、德治相结合的乡村治理体系，让农村社会既充满活力又和谐有序。乡村治理在国家治理体系中占有重要基础性地位，乡村治理现代化是国家治理体系和治理能力现代化进程中不可或缺的一环。[1]"实施乡村振兴战略的提出，标志着中国乡村治理进入一个崭新阶段。我们必须加快构建中国特色乡村治理体系，不断开创乡村振兴新局面[2]。2017 年，党的十九大报告对实施乡村振兴战略提出了"产业兴旺、生态宜居、乡风文明、治理有效、生活富裕"的总要求。其中，"治理有效"作为推动乡村振兴的保障性要素。2019 年，《关于加强和改进乡村治理的指导意见》明确，到 2020 年，现代乡村治理的制度框架和政策体系基本形成，农村基层党组织更好发挥战斗堡垒作用，以党组织为领导的农村基层组织建设明显加强，村民自治实践进一步深化，村级议事协商制度进一步健全，乡村治理体系进一步完善。到 2035 年，乡村公共服务、公共管理、公共安全

---

① 中国共产党新闻网：《构建党组织领导的共建共治共享乡村善治新格局》，2020 - 01 - 21，http：//theory. people. com. cn/n1/2020/0121/c40531 - 31557822. html.

② 国家乡村振兴局：《健全乡村治理体系　筑牢乡村振兴基石——我国乡村治理模式变迁及发展》，2021 - 05 - 24，https：//www. nrra. gov. cn/art/2021/5/24/art _ 56 _ 189607. html.

保障水平显著提高，党组织领导的自治、法治、德治相结合的乡村治理体系更加完善，乡村社会治理有效、充满活力、和谐有序，乡村治理体系和治理能力基本实现现代化①。

（一）提升党建引领能力

2018 年底施行的《中国共产党农村基层组织工作条例》明确，乡镇党的委员会和村党组织是党在农村的基层组织，是党在农村全部工作和战斗力的基础，全面领导乡镇、村的各类组织和各项工作。全面推进乡村振兴，必须充分发挥农村基层党组织在农村各种组织和各项工作中的领导作用，加快构建党组织领导的乡村治理体系②。《中共中央　国务院关于做好 2022 年全面推进乡村振兴重点工作的意见》中提出，充分发挥农村基层党组织领导作用，扎实有序做好乡村发展、乡村建设、乡村治理重点工作。全面推进乡村振兴，党建引领是保障。坚持把抓党建促乡村振兴作为工作的重中之重。

一是坚定不移地加强农村基层党组织建设，全面提升农村基层党组织的组织力、凝聚力、战斗力。旗帜鲜明地坚持和加强基层党组织对各类乡村组织的领导，健全党组织领导的乡村治理体系，派强用好驻村第一书记和工作队，把群众紧密团结在党的周围。注重吸纳高校毕业生、退役军人、务工回乡青年、致富能手等进入班子。创新农村基层党组织建设模式，带动农业社会化服务组织、农民专业合作社和涉农企业建设，切实解决村集体建设项目中遇到的"瓶颈"问题③。二是坚持以党建引领乡村治理，强化县乡村三级治理体系功能，压实县级责任，推动乡镇扩权赋能，

---

① 施红. 乡村治理工作的新亮点［J］. 领导科学论坛，2019（20）：81-96.

② 中国共产党新闻网：《加强党建助力乡村振兴（新论）》，2021-08-09，http：//theory. people. com. cn/n1/2021/0809/c40531-32185599. html.

③ 薛小平. 新型城镇化背景下我国农村基层党组织组织力提升的逻辑向度与实现路径［J］. 扬州大学学报（人文社会科学版），2022（6）：106-117.

夯实村级基础。推动治理重心下移、资源下沉。发挥县级在乡村治理中领导指挥和统筹协调作用，强化县级党委抓乡促村职责。整合乡镇审批、服务、执法等各方面力量，提高为农服务能力。三是创新乡村治理方式方法。综合运用传统治理资源和现代治理手段，推广应用积分制、清单制、数字化等治理方式，推行乡村网格化管理、数字化赋能、精细化服务①。

（二）建立"三治合一"乡村治理体系

2018年，中央1号文件《中共中央　国务院关于实施乡村振兴战略的意见》对"构建乡村治理新体系"作出总体部署，把深化村民自治实践、建设法治乡村、提升乡村德治水平作为坚持自治、法治和德治相结合的政策举措。同年，中共中央、国务院印发的《乡村振兴战略规划（2018—2022年）》进一步对促进自治、法治、德治有机结合作出指标规划，为"三治合一"确定了具体的施工图。2022年的中央1号文件继续强调，要健全党组织领导的自治、法治、德治相结合的乡村治理体系，推进村委会规范化建设，深化乡村治理体系建设试点示范。以自治增活力、以法治强保障、以德治扬正气，健全党组织领导的自治、法治、德治相结合的乡村治理体系，建设充满活力、和谐有序的乡村社会。"三治合一"是指自治、法治、德治的有机结合。乡村治理要以自治为基础，以法治为根本，以德治为引领，建立健全党委领导、政府负责、社会协同、公众参与、法治保障、科技支撑的现代乡村社会治理体制②。

一是自治以增活力，法治以强保障，德治以扬正气。健全完善村民自治需进一步健全农村基层民主选举、民主决策、民主管理、民主监督的机

---

① 中华人民共和国中央人民政府：《胡春华：建设宜居宜业和美乡村》，2022 - 11 - 15，https：//www.gov.cn/guowuyuan/2022 - 11/15/content _ 5727004. htm.

② 半月谈网：《中国之治的基层支点（三）：三治合一，三维构建治理体系》，2022 - 10 - 13，http：//www. banyuetan. org/jrt/detail/20221013/1000200033134991665542144498136671 _ 1. html.

制，提高农民主动参与村庄公共事务的积极性，凸显农民在乡村治理中的主体地位。要深入开展农村法治宣传教育，大力开展"民主法治示范村"创建，深入开展"法律进乡村"活动，培育一批"法治带头人"。要深入挖掘熟人社会中的道德力量，德、法、礼并用，通过制定村规民约、村民道德公约等自律规范，弘扬中华优秀传统文化，教育引导农民爱党爱国、向上向善、孝老爱亲、重义守信、勤俭持家，增强乡村发展的软实力①。

二是区分不同领域，明确主治方式。自治属于村庄的范畴，法治属于国家的范畴，德治属于社会的范畴，这三种方式是互为补充、互相衔接、缺一不可的。自治的应用场景和主要内容可以概括为"四个自我"（即"自我管理、自我教育、自我服务、自我监督"）和"四个民主"（即"民主选举、民主决策、民主管理、民主监督"）。民主选举村委会干部、民主决策村中的重大事项、民主监督村务等都属于自治的范畴。法治的应用范围主要涉及征地拆迁、环境污染、生产安全、粮食安全保护、黑恶势力操控选举、项目招标、资金使用、资金监督管理以及土地经营权流转、抵押、入股等，这些领域的问题都要通过规范化、制度化的法治方式来解决，从而更好保障村民的合法权益。德治的应用范围涉及个人品德、职业道德、社会公德、家庭美德、乡风文明等领域，这些领域的问题主要通过德治解决。

三是区分村庄类型，精准综合施治。"三治"整体高效能的实现，不是把自治、法治、德治机械式"合"在一起，而是要根据村庄类型采取不同的组合方式"融"在一起，实现"1+1+1＞3"②。

---

① 中华人民共和国中央人民政府：《"三治"并举促乡村振兴》，2019－06－25，https：//www. gov. cn/zhengce/2019－06/25/content＿5402918. htm.

② 中工网：《构建"三治"结合的基层治理体系》，2023－08－09，https：//www. workercn. cn/c/2023－08－09/7940066. shtml.

案例 4－4：

"浦江经验"是如何炼成的[1]

2003 年 9 月 18 日，习近平总书记在浙江工作时，把浦江作为领导干部下访接访的第一站，解决了多个疑难信访案件。"变群众上访为领导下访"的浦江经验由此形成并走向全国。领导干部固定接访、县乡村三级联动下访接访、下访大面积进村入户等三大机制，让浦江最大限度把矛盾化解在基层，把问题解决在源头。

"浦江经验"的具体举措如下：每月 15 日县党政领导雷打不动到乡镇下访接访，变联系乡镇为包干乡镇；推动信访"最多跑一地"改革，让群众最多跑一次甚至不用跑也能办成事；组建 244 支联心服务团固定联系每个村（社区），既当联系员代办员，又当调解员服务员。此外，浦江建立了"简单信访马上办、一般信访快速办、疑难信访监督办"，形成矛盾化解提速机制；探索"信访超市""民情民访代办制"的改革机制等，一套系统化实践正在形成。同时，启动"民情暖哨"工程，完善网上信访工作机制，及时处理群众在"民情暖哨"平台反映的各类诉求，开展网上服务。

（三）构筑社会治理共同体

党的十九大提出"打造共建共治共享的社会治理格局"，党的十九届五中全会强调"完善共建共治共享的社会治理制度"。提升乡村治理水平，可以通过吸纳广大群众、社会组织和社会力量积极投身农村公共管理和服

---

[1]　课题组根据调研情况整理。

务的方式，实现政府治理、社会调节、乡村居民自治的良性互动，推动构建共建共治共享的乡村治理格局①。推动乡村振兴取得新进展、农业农村现代化迈出新步伐，一项重要举措就是带动农民共同参与乡村建设、共同参与乡村治理、共享乡村振兴成果，即落实"共建共治共享"的治理理念。2020 年，习近平总书记在主持经济社会领域专家座谈会时强调，"要完善共建共治共享的社会治理制度，实现政府治理同社会调节、居民自治良性互动，建设人人有责、人人尽责、人人享有的社会治理共同体。"共建是社会治理的基础，强调各类主体共同参与社会建设。共治是社会治理的关键，强调各类主体共同参与治理。共享是社会治理的目标，强调各类主体共同享有社会治理成果②。2023 年，根据《乡村建设行动实施方案》，中国国家乡村振兴局印发了《农民参与乡村建设指南（试行）》，以充分调动广大农民群众参与乡村建设的积极性、主动性、创造性，完善农民参与机制，激发农民参与意愿，强化农民参与保障，广泛依靠农民、教育引导农民、组织带动农民共建共治共享美好家园③。

在推动构建共建共治共享的乡村治理格局的过程中，中国开展了系列探索。一是改革乡镇管理体制，向乡镇政府放权赋能，使乡镇治理能力"强起来"。乡镇党委政府是农村基层治理的责任主体，由于受职能和体制的约束，在社会治理、民生服务、综合执法等方面的权能明显不足。农村基层治理任务往往异质性较强，有效协调利益关系、整合多元利益，需要增强依法治理的自主性。二是健全乡村治理体系，提升农村基层党组织领导力，把乡村治理力量"统起来"。提升农村基层治理效能，就要坚持大

---

① 中国共产党新闻网：《提升乡村治理能力现代化水平》，2022 - 05 - 11，http：//dangjian. people. com. cn/n1/2022/0511/c117092 - 32418952. html.

② 光明理论：《以共建共治共享构建社会治理共同体》，2020 - 09 - 21，https：//theory. gmw. cn/2020 - 09/21/content _ 34206997. htm.

③ 中华人民共和国中央人民政府：《国家乡村振兴局　中央组织部　国家发展改革委　民政部　自然资源部　住房城乡建设部　农业农村部关于印发〈农民参与乡村建设指南（试行）的通知》，2023 - 01 - 17，https：//www. gov. cn/zhengce/zhengceku/2023 - 01/17/content _ 5737525. htm.

抓基层的鲜明导向，补齐基层党组织领导基层治理的短板，引导和支持各类基层组织更好发挥作用。三是推进"政社居"良性互动，实现上下联动同频共振，让基层治理主体"动起来"。乡镇政府根据实际情况制定履职事项和工作事项"准入清单"，明确界定乡镇与村居的权责关系，按照"权随责走、费随事转"原则，每年与村居自治组织签订委托管理协议，为村居自治减负提效①。

案例4-5：

湖北省打造"共同缔造"模式②

"共同缔造"是一种新时代社会治理模式，以城乡社区为基本单元，以改善群众身边、房前屋后人居环境的实事小事为切入点，以建立和完善全覆盖的基层党组织为核心，以构建"纵向到底、横向到边、共建共治共享"的城乡社会治理体系为路径，广泛发动群众决策共谋、发展共建、建设共管、效果共评、成果共享。2017年以来，湖北省红安、麻城、枝江等地在住建部帮扶下，扎实开展"共同缔造"活动试点，取得了显著成效。各试点地区在"共同缔造"探索中，通过调动社会多方资源共同出力，解决了"没钱做事"的问题；通过让群众唱主角，解决了"没人管事"的问题；通过变政府单打独斗为发动群众一起干，解决了"干部干、群众看"的问题；通过群众的事让群众说了算，解决了"群众不满意"的问题。2022年，湖北省继续部署"共同缔造"活动试点工作。

美好环境与幸福生活是全体人民共同追求的美好愿景，是最容易形

① 理论之光：《打造共建共治共享的农村基层治理新格局》，2021-02-02，http：//theory.jschina.com.cn/sxzk/xl/zxtj/202102/t20210202_6967577.shtml.
② 湖北日报：《"共同缔造"探索创新基层社会治理的实践路径》，2022-10-09，https：//www.hubei.gov.cn/hbfb/rdgz/202210/t20221009_4335820.shtml.

成共同行为的切入点，这也是"共同缔造"的切入点。"共同缔造"贯彻"五共"工作法，即广泛开展美好环境与幸福生活共同缔造活动，发动群众决策共谋、发展共建、建设共管、效果共评、成果共享。"共同缔造"能坚持群众主体，发挥群众首创精神，搭建共谋平台，激发共建热情，完善共管办法，建立共评机制，构建共享格局，真正变"你和我"为"我们"，变"要我做"为"一起做"。让更多的社会主体参与社会治理，充分发扬民主、广泛汇聚民智、最大激发民力，实现政府治理与社会调节、居民自治的良性互动。

总体而言，中国乡村治理体系与治理能力在多个方面取得了新进展。一是乡村基层组织建设全面加强。截至2019年底，4.47万个软弱涣散村党组织得到整顿，选派23万名驻村第一书记，中组部举办29期村党组织书记示范培训班，培训4 300人。截至2021年，超49万个行政村建立党组织，覆盖率均超过99.9%。① 二是自治、法治、德治相结合的乡村治理体系基本建立。截至2019年底，98%的村制修订村规民约；"一村一法律顾问"范围扩大，覆盖率达到99.9%；自治、法治、德治相结合的乡村治理体系基本建立②。村民自治也极大调动了广大村民的政治热情，各地参选率普遍达到90%以上。三是农村公共服务与乡风文明得到改善。农村婚丧礼俗改革持续深化；截至2019年底，建成54.9万个村综合文化服务中心；截至2021年底，中国已建成乡镇（街道）社工站1.7万余个，引领了5 000余家社工机构扎根基层，4万余名社工驻

---

① 人民日报：《中国共产党党内统计公报》，2022 - 06 - 30，http：//politics. people. com. cn/n1/2022/0630/c1001 - 32460978. html.

② 离退休干部局：《首个乡村振兴战略规划实施报告发布》，2020 - 07 - 16，http：//www. ltxgbj. moa. gov. cn/lgbydqk/2010qklb1/202003/202007/t20200716_6348791. htm.

站开展服务①。四是治理基础得到提升。村集体经济组织总收入、总支出和总收益处于持续增长态势。2011—2020 年，总收入由 3 364.93 亿元增加到 6 320.23 亿元，上涨 87.83%②。农村基础设施建设逐步完善，清新别致的新农村居民小区随处可见，99.7% 的户所在自然村均已通公路、通电、通电话，自来水、天然气、宽带网络等便利的生活设施也已进入农村③。乡村数字基础设施建设加快推进，截至 2021 年，中国数字乡村发展水平达到 39.1%。乡村数字化治理效能持续提升④。

---

　①　中国社会工作：《2021，社工站建设取得重大进展！2022，愿我们拥有更美好的未来！》，2022 - 01 - 01，https：//mzzt. mca. gov. cn/article/zt _ 2020sgjs/zhbd/202201/20220100039119. shtml.
　②　陈雪原、孙梦洁、王洪雨. 集体经济蓝皮书：中国农村集体经济发展报告（2022）［M］. 北京：社会科学文献出版社，2022：53.
　③　农民日报：《十八大以来农村基础设施建设成就综述：夯实脱贫之基　开启小康之门》，2017 - 10 - 16，http：//tuopin. ce. cn/news/201710/16/t20171016 _ 26543521. shtml.
　④　农业农村部信息中心：《中国数字乡村发展报告（2022 年）》，2023，https：//dzswgf. mofcom. gov. cn/news _ attachments/6e2c66b95f9c954e6e58a7c58922a5a49651. pdf.

◎ 第五章　巩固拓展脱贫攻坚成果的
经验及启示

　　巩固拓展脱贫攻坚成果，防止返贫，推进乡村可持续发展和农业农村现代化是全球治理与发展的前沿议题，知识界和实务领域为此付出了诸多努力。但不得不承认，目前仍然没有成熟的、体系化的经验蓝本可以供发展中国家借鉴和参照。中国共产党接续精准扶贫精准脱贫的理论创造，原创性地提出巩固拓展脱贫攻坚成果的一系列理论，部署和实施一系列原创性政策举措，成功实现"三农"工作重心历史性转换。这些理论创新和原创举措主要包括：建立动态防返贫监测与帮扶体系；不断提升脱贫地区和脱贫人口的内生发展动力；推进以县域为重点的城乡融合发展；坚决守住粮食安全底线；统筹推进乡村发展、乡村建设与乡村治理等。这些重要的理论创新和政策创新，丰富和发展了中国特色反贫困理论和中国特色"三农"理论，为人类发展知识做出了新的贡献。

一、主要经验

　　2021年2月25日，习近平总书记在全国脱贫攻坚表彰大会上庄严宣告，"经过全党全国各族人民共同努力，在迎来中国共产党成立一百周年的重要时刻，我国脱贫攻坚战取得了全面胜利，现行标准下9 899万农村贫困人口全部脱贫，832个贫困县全部摘帽，12.8万个贫困村全部出列，区域性整体贫困得到解决，完成了消除绝对贫困的艰巨任务，创造了又一个彪炳史册的人间奇迹！"[①] 脱贫攻坚的伟大实践，充分彰显了中国共产党领导和我国社会主义制度的政治优势。脱贫攻坚的伟大成就，极大增强了全党全国人民的凝聚力和向心力，极大增强了全党全国人民的道路自信、理论自信、制度自信、文化自信。

巩固好脱贫成果是精准扶贫精准脱贫基本方略的自然延伸，是兑现好庄严承诺的必然要求，是乡村振兴的底线任务和前提与基础，同时也是重大的政治责任。习近平总书记指出，"胜非其难也，持之者其难也。"要切实做好巩固拓展脱贫攻坚成果同乡村振兴有效衔接各项工作，让脱贫基础更加稳固、成效更可持续。对易返贫致贫人口要加强监测，做到早发现、早干预、早帮扶。对脱贫地区产业要长期培育和支持，促进内生可持续发展。对易地扶贫搬迁群众要搞好后续扶持，多渠道促进就业，强化社会管理，促进社会融入。对脱贫县要扶上马送一程，设立过渡期，保持主要帮扶政策总体稳定。要坚持和完善驻村第一书记和工作队、东西部协作、对口支援、社会帮扶等制度，并根据形势和任务变化进行完善。要压紧压实各级党委和政府巩固拓展脱贫攻坚成果责任，坚决守住不发生规模性返贫的底线。这些重要论述，为做好巩固拓展脱贫攻坚成果工作，提供了根本遵循。

概括起来讲，巩固拓展脱贫攻坚成果要着力做好如下七个方面的工作：第一，进一步完善和落实动态防返贫监测与帮扶机制，切实做到精准监测、精准帮扶；第二，抓好产业和就业两个关键，产业方面要着力发展壮大脱贫地区特色优势产业，完善联农带农机制，逐步提高脱贫人口家庭经营净收入比重；就业方面，要采取有力措施，着力稳住脱贫人口就业规模，持续拓展就业机会，增强脱贫人口就业能力；第三，要紧盯国家乡村振兴重点帮扶县和易地移民搬迁扶贫安置区两个重点；第四，要重点关注

---

① 习近平：《在全国脱贫攻坚表彰大会上的讲话》，2021年2月25日，新华社。

医疗保障和饮水安全两个主要的风险点；第五，要发展好新型农村集体经济，管好用好扶贫项目资产，为稳定脱贫筑牢基础；第六，要继续发挥好社会力量作用，完善东西部协作、中央定点帮扶和社会力量帮扶机制；最后，要继续做好驻村帮扶工作，持续加强农村基层组织建设①。以上七个方面的内容是巩固拓展脱贫攻坚成果的实践路径。这些做法蕴含的基本经验在于，巩固拓展脱贫攻坚成果，做好防止返贫工作，其一，需要坚持精准思维，在精准识别返贫致贫高风险群体的基础上，分类施策、精准帮扶；其二，不断提升脱贫地区和脱贫群众的内生发展动力，帮助其提升发展能力，积累资产，是稳定脱贫和持续增收的有效方法；其三，要特别关注主要风险点和重点区域，对特殊困难地区和特殊群体加强帮扶；其四，要广泛动员政府和社会力量广泛参与，形成政策合力和资源合力。

二、启示

党的十九大报告指出，中国特色社会主义进入新时代。进入新时代，社会主要矛盾发生了新的变化，在推进社会主义现代化国家建设的新征程中，实施乡村振兴战略，是我们党"三农"工作一系列方针政策的继承和发展，是新时代"三农"工作的总抓手。战胜贫困不是终点，而是新生活、新奋斗的起点，在坚决打赢脱贫攻坚战的同时，中央接续部署实施乡村振兴战略，推动两大战略有序衔接推进，充分表明执政党坚持农业农村优先发展方针的坚定决心和发展道路自觉。农业强不强、农村美不美、农民富不富，决定着亿万农民的获得感和幸福感，决定着我国全面建成小康社会的成色和社会主义现代化的质量。党的二十大报告指出，中国式现代

---

① 刘焕鑫：《把巩固拓展脱贫攻坚成果放在突出位置　坚决守住不发生规模性返贫底线》，国家乡村振兴局网站。

化是中国共产党领导的社会主义现代化，既有各国现代化的共同特征，更有基于自己国情的中国特色。中国式现代化是人口规模巨大的现代化，是全体人民共同富裕的现代化，是物质文明与精神文明相协调的现代化，是人与自然和谐共生的现代化，是走和平发展道路的现代化。中国式现代化的本质要求包括：坚持中国共产党领导，坚持中国特色社会主义，实现高质量发展，发展全过程人民民主，丰富人民精神世界，实现全体人民共同富裕，促进人与自然和谐共生，推动构建人类命运共同体，创造人类文明新形态。在推进中国式现代化强国建设的新征程中，实现共同富裕、促进物质文明与精神文明相协调、坚持人与自然和谐共生等诸多议题汇聚在巩固拓展脱贫攻坚成果的基础上，汇聚在全面推进乡村振兴，实现农业农村现代化，建设"宜居宜业和美乡村"的知识方案和实践议题中。

毋庸置疑，推进中国式现代化是史无前例的伟大事业，在推进中国式现代化的进程中，坚持农业农村优先发展总方针，通过实施全面推进乡村振兴，推进农业农村现代化，建设"宜居宜业和美乡村"不仅是中国式现代化的内在要求，也是前提条件。推进中国式现代化强国建设，实现中华民族伟大复兴，最艰巨最繁重的任务依然在农村，最广泛最深厚的基础依然在农村。农业是国民经济社会发展的"压舱石"，农业农村现代化是中国式现代化"发展韧性"特殊优势的来源，是应对各类风险挑战的"回旋余地"。在"大国小农"的现实基础上推进农业农村现代化，面对着诸多新的挑战、新的议题。而脱贫攻坚时期和巩固拓展脱贫攻坚成果同乡村振兴有效衔接的成功经验，无疑对全面推进乡村振兴具有重要的启示意义。

其一，坚持党对"三农"工作的全面领导。脱贫攻坚的巨大成就和巩固拓展脱贫攻坚成果的成功实践再次表明，党对农业农村工作的领导是中国特色减贫道路，同时也是中国特色农业农村发展道路最为突出的政治优势。乡村振兴任务艰巨，涉及面更广，关系更为复杂，任务更加艰巨，持续加强和改善党对农业农村工作的领导，切实把"组织振兴"作为全面推进乡村振兴的"第一工程"，是巩固和拓展脱贫攻坚成果和全面推动乡村振兴的必然要求。特别是，加强基层党组织建设具有突出重要的意义，在"新下乡时代"，社区治理就是生产力，建设强有力的基层战斗堡垒，能够最大限度地凝聚共识、化解矛盾、凝聚力量、共同发展。通过党建引领乡村治理，提升社区治理水平，降低发展成本，提升服务能力，可以说是乡村振兴最有效的"先手棋"①。

其二，"大数据"赋能"三农"工作。全面实施乡村振兴，是新时代中国特色社会主义现代化建设的重要板块。相关国际经验表明，现代化进程往往伴随着城乡经济社会构造的深刻调整，随着要素向城镇集聚，乡村"过疏化"带来的衰败问题值得高度警惕②。尤其是，中国乡村振兴具有不同于西方诸国，乃至东亚近邻的多重价值与意义，涵盖了粮食安全、生态可持续、产业发展、社会服务能力提升（特别是低收入人群、弱势人群的服务），以及文化绵延和社会治理等多重目标，并且中国的乡村规模及其多样性，决定了精准理念依然是振兴的基本方法。可以说，借鉴脱贫攻坚大数据建设的经验，推动乡村振兴大数据的应用，将会为中国乡村振兴奠定坚实信息基础，利于资源的配置和需求的回应。过去几年间，数字乡村发展在一些地区有了一些探索，应用场景不断丰富，亦展现出巨大的潜能和价值。未来，系统规划和高质量建设乡村振兴"大数据"，在乡村产业高质量发展、社会服务和社会治理精细化、政策规划与考核评估诸领域将会有巨大的空间。

其三，筑牢"共富发展"的共同体。消除贫困、改善民生，逐步实现共同富裕，是社会主义的本质要求。在脱贫攻坚阶段，围绕着精准扶贫不落一人的目标，共富发展领域积累了众多的经验，形成了东西扶贫协作、

---

① 吕方等. 脱贫攻坚与乡村振兴衔接丛书：组织［M］. 北京：人民出版社，2020.

② 乐燕子、李海金. 乡村过疏化进程中的村落发展与治理创新：日本的经验与启示——基于日本高知县四万十町的案例研究［J］. 中国农村研究，2018（1）：295－326.

定点扶贫、干部驻村等体现社会主义优越性的制度安排，同时脱贫攻坚实践也深刻表明，实现"共富发展"是克服城乡要素衔接高额交易成本的有效方式。此外，国际经验表明，在城乡关系变革过程中，不合理的要素关系设置和产权制度安排，不仅有损社会公正，同时对于发展效率也产生着根本性的影响。卡尔·波兰尼在《大转型：我们时代政治与经济的起源》一书中论及西方早发内生型现代化国家，在快速工业化和城镇化的驱动下，土地、劳动力、资本快速"商品化"，衍生出巨大的社会风险，继而激发了社会的自我保护运动。这种现代化进程中的可能陷阱，在中国乡村振兴过程中应当做出预先设计。而回望脱贫攻坚的实践，可以看到在基层发展单元县域层面，以脱贫攻坚统揽经济社会发展全局，以县域发展与精准扶贫有效衔接统筹推进，不仅促进了脱贫攻坚目标的实现，也带动了县域高质量发展体系的形成和县域治理体系治理能力的现代化。准此，或可期待在未来三十年，中国走出一条"共富发展"的乡村振兴道路，在推动乡村振兴过程中，根据各个时期乡村改革发展形势和要求的变化，统筹运用市场机制和再分配机制推动共同富裕迈出坚实步伐，从而为更高质量推进中国特色社会主义现代化建设提供有力支撑。

其四，发挥好中央和地方两个积极性。实践层面来看，脱贫攻坚和乡村振兴都是国家主导的发展行动。从国家视角出发，干预的领域和边界在哪里？如何合理配置"央-地"之间的权责关系，关乎国家责任的担当和国家发展行动的效能。前文已述，无论是理论研究还是发展实践均表明，国家发展行动需要合理确定各层级行动者在治理结构中的位置和角色。在中国国家乡村治理语境下，其核心问题可以表述为发挥好中央和地方的"两个积极性"。研究者指出，中国国家治理长期以来面临着权威体制与有效治理之间深刻的张力，从而影响着国家治理的效能，依此视角观察脱贫攻坚的实践，则会发现"中央统筹、省负总责、市县抓落实"的管理体制，构架了"央-地"协作的治理体系，这套体系以前文所述的"大数据"

和"赋权赋能"为基础，在充分信息生产和信息流动的基础上，保持中央统筹指导和地方因地制宜探索创新之间的协调关系。毫无疑问，这套体系对于乡村振兴同样具有重要的价值与意义。

最后，持续激发内生发展动能。发展是解决一切问题的前提条件和基本方法，持续改善发展环境，夯实发展基础，提升发展能力，始终是促进解决各种问题的基础。特别是，步入城乡融合发展的时期，需要在可持续城乡关联的框架下，理解城乡经济社会变迁过程，科学谋划发展路径，通过规划引领、设施支撑、要素激活与要素聚集等方式，持续拓展乡村发展空间。在个体层面，要着力加强人力资本、社会资本和各类资产建设，促进有质量的稳定就业，为持续增收和共同富裕提供支撑。此外，乡村建设为农民而建，乡村振兴为农民而兴。"宜居宜业和美乡村"建设的出发点和落脚点，都是满足人民对美好生活的向往。既往的经验表明，只有充分尊重老百姓的愿望，才能凝聚最广泛的共识、最广泛的合力，激发不竭内生动能。如果不能有效抓住村民主体性自觉的变化，不能动员村民参与，就有可能出现"政府忙着乡村建设、村民忙着外出务工经商"的现象。在实践层面，推进乡村全面振兴，建设"宜居宜业和美乡村"是支持和引领农民共同谋划美好现代生活愿景、共同将美好生活愿望变为现实的"共同缔造"过程。因此，践行新时代党的群众路线，搭建决策共谋、发展共建、建设共管、效果共评、成果共享的行动体系，是推进"宜居宜业和美乡村"建设重要的思维方法和实践路径。